丛书主编　中国老龄事业发展基金会

走进
未来生活

毋东明　著

广西师范大学出版社

·桂林·

丛 书 总 序

　　放眼全球，人类社会正经历着前所未有的老龄化进程。《世界人口展望（2019）》报告指出，2019 年世界 65 岁以上老年人口占比为 9.1%。这意味着全球总体上已经进入老龄化。根据联合国预测，到 2099 年，全球 192 个国家和地区的人口结构都将变成老年型。"银发浪潮"正在深刻改变世界人口结构和原有的生产生活状况。

　　自 19 世纪 60 年代法国最早步入老龄化以来，发达国家一直领跑老龄化进程，20 世纪六七十年代，发达国家已全部进入老龄化行列。目前我国老龄化程度仍低于发达国家，但明显高于世界平均水平。截至 2021 年底，我国 60 岁以上老年人口达 2.67 亿，占总人口的 18.9%；65 岁以上人口超过 2 亿，占总人口的 14.2%。14.2% 的占比标志着我国已经由轻度老龄化进入中度老龄化阶段。未来 15 年，我国将进入老龄化急速发展期，预计到 2025 年，我国 60 岁以上老年人口将突破 3 亿，占比超过 20%；2035 年将突破 4 亿，占比超过 30%，进入重度老龄化阶段。老龄问题涉及政治、经济、文化和社会生活等诸多领域，是关系国计民生和国家长治久安的重大社会问题，对经济运行全领域、社会建设各环节、社会文化多方面乃至国家综合实力和国际竞争力都具有深远影响。

党的十八大以来，以习近平同志为核心的党中央高度重视老龄工作，做出一系列决策部署，统筹推进老龄事业和产业发展。党的十九届五中全会将积极应对人口老龄化确定为国家战略。党的二十大报告指出，要"实施积极应对人口老龄化国家战略，发展养老事业和养老产业，优化孤寡老人服务，推动实现全体老年人享有基本养老服务"。《中共中央 国务院关于加强新时代老龄工作的意见》要求，将老龄事业发展纳入统筹推进"五位一体"总体布局和协调推进"四个全面"战略布局，把积极老龄观、健康老龄化理念融入经济社会发展全过程，加快建立健全相关政策体系和制度框架，大力弘扬中华民族孝亲敬老传统美德，促进老年人养老服务、健康服务、社会保障、社会参与、权益保障等统筹发展，推动老龄事业高质量发展，走出一条中国特色积极应对人口老龄化道路。

中国老龄事业发展基金会是国家卫生健康委员会领导下的为老年人服务的全国性慈善组织。其主要任务是：认真贯彻党和国家积极应对人口老龄化的决策部署，弘扬中华民族敬老、爱老、助老的传统美德，争取海内外关心中国老龄事业的团体、人士的支持和帮助，协助政府积极推进中国老年社会福利、医疗卫生、文化体育、老年教育等各项事业的发展，维护老年人合法权益，帮天下儿女尽孝，替世上父母解难，为党和政府分忧。

为践行积极老龄观、健康老龄化理念，贯彻落实党和国家关于促进老年人社会参与，扩大老年教育资源供给，将老年教育纳入终身教育体系，构建老年友好型社会等精神，满足老年人越来越多的阅读需求，中国老龄事业发展基金会与广西师范大学出版社联合打造了这套《50岁开始的"你好人生"》丛书，旨在为更多的老年朋友营造书香生活氛围，提供实用有效的老年生活指南。本丛书以50岁以上人士为主要阅读对象，针对老年人日常生活各方面的需求，解决老年人的困惑，丰富老年人的生活，帮助老年人适应变化迅速的现代社会，让老年生活更为方便、多彩、有价值。

2022年首届全民阅读大会增设了"银龄阅读分论坛"，论坛指出，老年阅读是全民阅读的重要组成部分，是需要全社会重视、关心和引导的重要领域。满足老年人多样化、个性化的阅读，打造更多可读性、针对性、实用性强的出版物，中国老龄事业发展基金会愿为"书香银龄"的目标贡献绵薄之力。

中国老龄事业发展基金会

于建伟

前　言

　　随着国民平均寿命的延长和生活水平的提高，人口老龄化将成为一个普遍的社会现象。随着改革开放后第一批接受过高等教育的人群进入老年，老年人在精神文化生活方面的需求亟待解决。"老有所读"是"老有所养"的一个重要方面，是对老年精神生活的重要慰藉和填充。老年人在退休之后，会有更多的闲暇时间来充实自己的精神生活，有很多人甚至从年轻时就一直保持着阅读的习惯，以便在繁忙的工作中获得精神的放松和愉悦，更新自己的知识体系，活到老学到老。《50岁开始的"你好人生"》丛书，以即将进入和已经进入老年的朋友们为主要读者，针对老年人日常生活各方面的需求，解决老年人精神和生活中的具体困惑，帮助老年人适应变化迅速的现代社会，让老年生活更为方便、多彩，为老年朋友获得老年生活的幸福感出一份力。

《走进未来生活》是一本针对老年群体的科普书。全书采用通俗易懂的语言，梳理了现代社会科技发展的基本脉络，介绍了未来几十年可能发生的科技变化，以及老年人更好地适应这个时代的方法。本书从大家能在生活中切实感受到的科技讲起，内容包含衣食住行、健康医疗、城市生活、数字社会、太空探索等方面。本书立足当前，展望未来，力争为您呈现一个可预见的未来社会智能生活全景。

目 录

第一章

科技改变未来

科学技术本质上就是服务于人类的，它能让我们的生活更便捷、更智能，也正在一点一滴地改变我们的生活方式。"旧时王谢堂前燕，飞入寻常百姓家。"以往那些只能在电影里和科幻小说里存在的"黑科技"，正在逐步走进我们的生活。

先来看看现在已经发生的，在 20 世纪 90 年代之前我们还完全无法想象的事情：

坐在家里能买到全世界的好东西，还能比较价格，不满意还能退货……

买火车票不用去火车站……

挂号不用去医院……

吃饭不用去饭店，饭食一小时内送到家……

满大街的自行车，扫个码就骑走了……

想学任何知识，都有人在网上随时等着教给你……

在家里说句话，就能控制电灯、电视、洗衣机打开或者关闭……

不用看报纸和电视，随时随地能知道世界上发生了什么大事小事……

出门不用带钱，用手机就能买东西……

而在不远的未来，我们的生活也许还会变成这样：

不需要亲自动手，用思想就能控制周围的东西……

未来你可能可以复制自己，甚至复制好几个……

可以在大脑里植入一个外语芯片，学会任何国家的语言……

可以用人造器官替换衰竭的器官，也许还能增强视力，摆脱眼镜……

现有的很多岗位都会由人工智能承担……

假如有一天你决定不活了，那你可以去睡上100年……

还有许多人会活在虚拟世界里，一生一世都不愿意醒来……

人类肯定会离开地球的，太空成为人类的新家园……

会出现许多新工作，因为想在另一个星球上生活，需要创造很多新东西……

　　这是人工智能专家、科幻电影导演为人类畅想的未来生活，在现在看来，就像90年代的我们看现在已经出现的科技那样，是那么虚无缥缈，简直就是天方夜谭。然而，这些看似神奇的科技，目前已经有无数的人在为之研究和努力，在不远的未来，也许10年，也许30年……它们都会陆续进入我们的生活，来到我们的面前。

一、二十年后的一天

这是二十年后的某一个清晨，七十多岁的你刚刚从睡梦中醒来。

侦测到你的醒来，房间里响起了轻柔的音乐，窗帘自动地徐徐打开，一缕清晨的阳光倾泻进来，暖暖地照在你的脸上。

你揉揉眼睛，意识逐渐清醒。昨天晚上睡得很好，由于在脑机接口中植入了一段睡眠程序，你多年的失眠多梦也不治而愈了。

这时，你手腕上的智能电子手环开始自动播报：主人您好，您昨晚的睡眠质量评分为 95 分，其中深度睡眠 85 分钟，心率正常，血氧饱和度正常……

你走进卫生间，对着镜子开始刷牙，镜子上浮现出三维图像，开始展示今天的天气、新闻和根据你的兴趣习惯推荐的资讯，以及同事、朋友的动态信息。"祝贺中国宇宙飞船顺利到达火星！"说着，你对着镜子比了一个胜利的手势，你的语音和照片生成动态小视频发布到了朋友圈。

厨房里，烤面包机已经开始烘烤面包，微波炉也开始加热牛奶，"咔嚓"一声，一个鸡蛋被打开，自动进入了煎蛋器中。10分钟后，你坐在餐桌前，桌上摆好了做好的早餐。餐桌对面的墙上缓缓升起一块透明的屏幕，开始播放你平时喜欢看的节目。

吃完早餐，你来到衣柜前准备换衣服，衣柜的智能穿衣镜展现出了你的立体形象，并自动帮你挑好了几套你喜欢的服装搭配，它们依次展示在你的立体形象上，仿佛一场小型服装秀。

你穿好衣服，走到门口，门口的仪容镜上浮现出你今天的日程，以及一键叫车的按钮，你点了一下，随后出门向楼下走去。

房间内，空气净化系统自动停止运行，灯光自动关闭，一个扫地机器人从墙角徐徐启动，按照计算好的打扫路径，开始对房间进行清洁。

来到楼门口，一辆无人驾驶的汽车已经静静地等候在那里，当你走近它时，人脸识别系统检测到你，为你打开了车门。你坐到车的后座上，车门自动关上，车辆自动启动，向公司驶去。座位前方的屏幕上开始播放你关心的国际局势与股票行情信息……

道路上，形形色色的车川流不息，由于全部是自动驾驶，没有车会超速行驶、加塞插队，事故率也降到了最低。

你来到办公室，是的，你还在工作，虽然你已经超过70岁了，但随着人类的平均寿命到达120岁，退休年龄也延迟到了90岁。

你坐到办公桌前，戴上智能眼镜，对面的墙上出现了一个巨大的电脑桌面。它已经按照今天的工作安排，自动准备好了所有的软件程序。

你开始和几个城市的同事进行虚拟会议，你看到同事们的三维真人形象在墙面上浮现出来，都坐在你的办公桌对面，就像真人来到了你的身边。你们针对公司的项目进行了热烈的讨论和交流，每个人的声音、动作、表情，都活生生地展现在你的耳中、眼中……其中的一位同事，此刻正闭着眼躺在医院的病床上，而他与你们的交谈，是通过插在他头顶的一根金属棒一样的脑机接口来实现的。

你还在下班回家的路上，你的房间已经为你的归来提前忙碌了起来。通风系统开始运转，温度、湿度都按照最适合你的指标调整完毕。厨房的咖啡机制作了香浓的咖啡，智能电饭煲煮上了米饭。智能热水器开始工作，浴缸也自动进行了清洁，准备帮你解除一身的疲乏。

当你走进家门的时候，房间里有着森林与草地的清新气息，金黄色的光线洒满房间，三维投影营造着树影婆娑的效果，隐隐有溪水叮咚声，鼻尖飘来淡淡的兰花清香。

当你入浴的时候，浴室的墙上浮现出你近期的日程安排、健康指标、家人朋友的动态、你喜欢看的《百家讲坛》……

　　你再次闭上眼睛，感受着恒温的水浸润身体的温暖，浑然忘我，仿佛有个声音在脑海中响起：生活，真好！

二、科技是如何改变人类的

前面我们畅想了 20 年后人类科技进步给生活带来的便利和惬意，现在我们来共同回顾一下科技的发展进程，感受当下我们在人类数万年的发展进程中，其实是何等幸运。

想象一下，假如你生活在数万年前的原始社会，穿着树叶藤条做的衣服，动物皮毛是只有首领才能享受的特权。你每天忍饥挨饿，很少有吃饱饭的时候，被猛兽侵袭是家常便饭，受了伤、得了病能不能活下来完全看运气。部落里一般人也就活个十几二十年，三四十岁的人已经是长寿的老者，孕妇生孩子常常是要死人的……

当你结束了一天的打猎或采摘，拖着疲惫的身体回到自己的山洞里，你可能会想：如果有一天，我能住在宽敞的大山洞里，有坚固的栅栏阻挡野兽，家家都有烧不完的火把和数不尽的猎物，每天都能睡个安稳觉，那一定是最幸福的生活！

接下来，再设想你生活在几千年前的封建社会，已经可以住上坚固的房屋，穿棉麻制作的衣服，每天能吃上五谷杂粮，偶尔还能做一桌子菜，小酌两杯，日出而作，日落而息。一般人都能活到三四十岁，偶尔有长寿的能活到六七十岁，"人生七十古来稀"嘛。

当你结束了一天的农田活计，拖着疲惫的身体回到土坯房子里，你可能会想：如果有一天，我能像神话故事里说的那样，有千里眼、顺风耳，有日行千里的宝马良驹，那一定是最幸福的生活！

再继续，让我们回到20世纪八九十年代。人类有了广播与长途电话，可以听到千里万里外的声音；有了电视，可以看到天下大事；有汽车、火车、飞机，日行千里万里都不是问题。大部分人能活到六七十岁，长寿的活个九十、一百岁也不鲜见。

当你结束了一天的工作，坐在沙发上看电视的时候，你可能会想：如果有一天，我不用等电视台的节目时间表，想看什么就看什么；不用去商场讨价还价，全世界的商品随便挑，不喜欢的随便退；不用辛辛苦苦去上班，坐在家里就能工作挣钱；买火车票不用去火车站排队，挂号不用去医院排队；想学什么技术不用去学校，随时有人教……那一定是最幸福的生活！

上文中，我们回顾了人类科技发展进步的几个阶段：

从狩猎采集时代到农业畜牧时代花了人类大约三百万年；

从农业畜牧时代到工业时代花了人类不到一万年；

从工业时代到信息时代花了人类几百年；

从信息时代到前文中描述的智能时代可能仅需要短短的几十年。

《三体Ⅱ·黑暗森林》这本书里，刘慈欣对于这个现象是这样描述的：

"人类文明有五千年历史，地球生命史长达几十亿年，而现代技术是在三百年时间内发展起来的，从宇宙的时间尺度上看，这根本不是什么发展，是爆炸！技术飞跃的可能性是埋藏在每个文明内部的炸药，如果有内部或外部因素点燃了它，轰一下就炸开了！"①

一项科学技术的发明可能会彻底改变人类的生活方式和行为习惯。在今天，科学技术对人类的影响更是极为广泛而深刻。刀耕火种的农业生产方式已成为历史长河中的浪花，更多的人不是在面朝黄土背朝天地辛苦劳作，而是生活在钢筋混凝土铸就的森林里，每天清晨天不亮就赶往工作的地方，晚上到半夜三更仍然无法入睡。我们不再独居陋室、偏安一隅，我们可以通过互联网和手机，未出茅庐而知天下事。我们可以乘坐现代化的交通工具，在数小时内到达千里万里之外的地方。现代生活的一切用品几乎都是科学技术的产物。我们举手投足之间无不享受着现代科学技术的恩赐。在今天这个

---

① 刘慈欣：《三体Ⅱ·黑暗森林》，重庆出版社，2008年版，第445页。

社会里，我们对科学技术的依赖程度无论如何形容都不会过分。

特别是自两百多年前那场激动人心的第一次工业革命以来，我们的科技发展到了古人难以想象的高度。

第一次工业革命，瓦特改良蒸汽机，机器替代手工，人类进入"蒸汽时代"。

第二次工业革命，法拉第发现电磁感应现象，爱迪生发明电灯，人类进入"电气时代"。

第三次工业革命，原子能、电子计算机、空间技术和生物工程等得到应用，人类进入了"信息时代"。

而现在我们则进入了以互联网、人工智能为先导的第四次科技革命，也被视为信息时代的再一次升级（第二次信息革命）。在这一次革命中，数据是革命的燃料，人类将根据大量数据，尽力还原客观现实，从而精准地预测未来。

这四次革命使人类进入的四个时代对应着四种社会类型：蒸汽社会、电气化社会、信息化社会、智能化社会。前三次革命已经结束，而第四次现在才刚刚开始。

这四次革命可以分为两个时期：第一个时期（蒸汽革命、电气革命）是体力革命，它的作用是取代和扩大人类的身体素质；第二个时期（信息革命、智能革命）是智慧革命，它的作用是取代和扩大人类的智慧。

第四次科技革命所产生的效果和影响要远远超过前三次革命的总和。这是因为，前三次革命主要是扩大人体的力量，使劳动力量得到成千上万倍的增长；第四次则主要是扩大人类的智慧，让人的智慧扩大无数倍。如果我们能制造出超出牛顿、爱因斯坦、爱迪生等人的智慧亿万倍的人工智能，我们的科技和生产力将会得到巨大的提升。到那时，新能源、新材料、生物、航天、医疗等领域的难题，都能迎刃而解。人类之所以能够脱颖而出，建立文明，是因为我们拥有远超其他物种的智慧。智慧越高，解决的问题就会越多，生存的概率就会越大，文明程度也会越高。

让我们从科技畅想和回顾回到现在，再来审视当下的人类技术发展。当前，是人类科技发展的一个特殊节点，人类的一只脚正在迈进全新的人工智能时代。更令我们吃惊的是，前文畅想的那些看起来天马行空的科技场景，实际上与我们当前的技术并没有太大的距离和割裂。换句话说，前述科技场景并不是一种对未来的毫无根据的幻想，而是以现有科技为依据的，相关技术稳步发展后就完全有可能实现。

例如，我们所畅想的未来智能家居场景，无非就是当前人工智能技术以及物联网技术变得更加智能、便捷的结果。或许这借助一些还在研发中的新技术、新材料，但是距离现实生活也并不遥远。

同样，我们想象的智能驾驶、智能交通等，都已经逐渐在城市生活中扮演着越来越重要的角色。当然，我们想象的未来场景相对而言更加理想化，看起来似乎距离我们非常遥远，有的朋友可能对这些场景是否真的能够在二十多年后实现抱有怀疑。但是，不得不承认的是，这些场景所涉及的技术原理至少是当下就可设想和可预见的。

即便是我们的想象所没有涉及的、更加"魔幻"的场景——例如各种神奇的基因医疗技术，或者当下热议的虚拟世界"元宇宙"，抑或是人类去太空定居的计划……都可以在现有的技术中看到雏形和发展方向。这说明科学技术的发展永远不是一蹴而就的，对真理的探索在众多科技工作者的默默付出下一直在持续地进行，只是不为大众所知罢了。

如果说理论的储备并不是大问题的话，那么为什么现在还没有实现上述的这些场景呢？换句话说，在迈向未来生活的过程中，最严峻的挑战究竟是什么呢？

实际上，我们所面临的最大挑战，就是如何把这些理论层面的知识转化为人们日常生活中的实践。一个意义深远的理论，其实践仍然需要找到工业上能够被推广且经济的实现方式。

因此，将这些理论成果转化为真正的现实应用，才是我们迈向科技未来的关键。而在这背后，不仅需要理论科学家们的各种贡献，华为、谷歌一类技术创新企业的不断探索与尝试也很重要。

当然，我们也不得不承认，至少在当下，我们所畅想的科技还面临各种各样需要攻克的难题，需要无数的科技工作者付出艰辛的探索和努力。

或许，在未来的二三十年中，人类会缓缓开启人工智能时代的大门，我们期待着那些理想中的未来智能场景，在科研界与科技界的努力下一一实现。

人类历史上从来没有像现在这样——

人工智能技术的革命让我们的生活更加智能、便捷、人性化，这，就是我们的现在与未来。我们生活在最好的现在，同时也正在创造更好的未来。

第二章

活到 120 岁——健康科技革命

我的母亲近 70 岁了，在我的心目中，她是一个乐观且愿意接受新事物的人。

　　四年前，当我们得知她患了肠道肿瘤，并且癌细胞已经扩散到肝脏上面时，她是全家人里心态最轻松的一个。得益于现代医疗技术的进步，在接受了切除手术和初期的放化疗之后，没过多久，除了每个月打一针靶向药物之外，她又和以前一样每天活跃在街心花园的老年舞队伍中了。

　　前两天她告诉我，她在网上看到一种新医疗科技，叫作立体定向放疗技术，可以非常精准地消灭残存的癌细胞，而且对其他的身体组织没有伤害。国内这种技术正在普及，也许过一段时间，她就可以完全康复，连每月一针的靶向药物都不需要再打了。

　　我的母亲是幸运的，如果早几十年，可能她的癌症就是我们曾经常说的"绝症"，治无可治。而现在，有些癌症如果发现及时、处理得当，甚至有完全治愈的可能。

　　活得更长、活得更好，这就是现代医疗科技的发展送给人类最大的礼物。

一、随时随地的健康检查

未来，我们不再需要前往专门的医院，在经过漫长的排队后才能得到专家医师的诊断。医疗图像识别、智能诊断、异常检测等人工智能技术的加持，将会大幅提升基层医疗机构的诊疗能力。

医疗资源的提升，得益于一种名叫"诊断机器人"的人工智能系统。这种人工智能系统在过去的几十年里被世界上众多的人工智能公司不断完善，目前在临床大数据和超级计算技术的支持下，已经能够独立为患者进行诊断。这种人工智能可以通过平板电脑、摄像头或大屏幕与病人进行交互，根据各种先进的检测装置获取患者的信息，描述患者的症状，开具检查报告。根据检查结果，人工智能会自动进行病情判断，给出最佳的治疗方案。人工智能开具治疗方案不仅准确，还很快速。过去人类医生耗时半小时到一小时的工作，诊断机器人仅需要 0.05 秒就能完成。

此外，你的健康信息并不需要去医院检查才能更新。随着智能医疗设备的不断完善，类似健康手环一类的检测设备能够更好、更准确地记录你平时的健康数据。一旦数据出现了异常，就会及时提醒你，并给出改善建议。同时，附近的医疗机构也能够自动收集你的健康信息。如果出现了紧急状况，智能医疗设备还可以发出警报，呼叫医疗人员前来治疗。

二、神奇的干细胞技术

干细胞是医学上公认的"万能细胞"，在人体修复、器官移植、医疗美容等诸多方面都有着巨大的应用价值。根据有关期刊的报道，科学家利用一项新的干细胞技术进行了牙髓再生的临床试验，很多病人都用这种技术实现了牙髓再生。通过在体内和体外进行诱导分化，干细胞可以分化为骨、肌肉、神经等多种细胞。分化后的干细胞能够修复受损的细胞和器官，恢复它们的正常功能。

在此之前，人的器官受损后，医生会用生物材料进行修复，这也是常用的治疗方法，但这些材料不具备生理特性。如果使用干细胞进行分化，则可生长出源于自身细胞的组织或器官，从而实现彻底的修复。在不久的将来，人类身体的缺陷将有可能得到完美的修补，随着干细胞科技的发展，受损的细胞和组织可以被重新制造出来，新的细胞可以代替受损的细胞。

细胞储存是干细胞治疗的一个重要选项。通过预先储存健康的细胞，一旦出现了什么问题，就会有更多的保障和希望。目前，大量的临床研究显示，干细胞疗法可以应用于多种病症，例如心衰、糖尿病、帕金森病、骨性关节炎等，还可在器官体外再生、移植等方面发挥作用。

可以毫不怀疑地说，干细胞技术将成为医疗科技第三次革命的重要一环。

三、脑机接口

脑机接口，是指在人脑与计算机或其他电子设备之间建立起控制通道。说得直白一点，就是在人脑中植入一块芯片。借助建立起来的控制通道，用户的大脑活动可以直接操纵设备。这种侵入式脑机接口，被全球科学家们公认为门槛最高的科学技术之一。

2021 年 4 月，太空探索技术公司（SpaceX）、特斯拉（Tesla）公司 CEO 埃隆·马斯克展示了他们在侵入式脑机接口技术上的最新突破：一只猴子不是用游戏操纵杆，而是用大脑意念来玩一款模拟乒乓球游戏。马斯克的猴子一边喝着香蕉奶昔，一边使用操纵杆快乐地玩着游戏。这只小猴子又怎么会知道，它代表着一个新时代的开启——人类终于对自己的大脑动手了。在猴子大脑中植入的芯片，就像蓝牙耳机一样，可以与手机配对，猴子的脑电波会被记录下来，以便设备对猴子的行为进行操纵和预判。然后，游戏的操纵杆被实验者拿走，猴子完全凭借大脑的意念继续玩乒乓球游戏。脑机接口不是一个被动的设备，只接收你的命令，它还能预测你将要做什么。脑机接口校准以后，猴子就可以完全用大脑控制游戏了。

脑机接口技术现在可以辅助医学治疗，比如让脑外科手术的脑区定位更精准、帮助残疾病人操控机械设备等。未来，这项技术是否会成为增进人类健康的消费级应用呢？或许，就像治疗近视眼的手术，有多少人愿意尝试，取决于风险和创伤的大小以及效果的好坏。

四、人体冷冻法

在科幻电影中，我们经常能看到将人冷冻起来，数个世纪甚至千年之后再将其复活的情节。其实在现实中，科学家也正在研究人体冷冻技术。人体冷冻技术属于一种旨在超越人类极限的科技，目前还处于试验阶段。这种技术将生物冰冻在极低的温度下以延长其寿命，在未来的医疗科技足够先进的时候，再将其解冻复活。

世界首个接受人体冷冻的人是詹姆斯·贝德福德，他是美国著名的心理学家，也是一位富豪。贝德福德1967年身患胃癌，饱受病魔折磨的他希望将自己冷冻起来，等到未来人类掌握治愈胃癌的技术时，再将他解冻并进行治疗。不过由于技术尚不成熟，原定于2017年实施的解冻计划只能推迟，贝德福德也只能继续在冰封中沉睡。而我国著名的一位人体冷冻的接受者是小说《三体》的编审者杜虹。早年在《三体》中了解到冷冻技术的她晚年病痛缠身，于是选择了这种方式，希望能够延续生命。与其他人体冷冻接受者不同的是，其他病人都完整地保存了身体，而杜虹选择仅完整保存头部，50年后进行解冻复活。

这种冷冻技术真的能够在未来让人复活吗？在科学家进行科研探索的过程中，一些重要的发现已经为肯定的答案提供了重要的理论根据。例如早在19世纪，美国科研人员就发现北美的一种青蛙在漫长的冬季里会被冻成冰块，然后在夏天时竟能解冻复活，继续进行生命活动。人体的受精卵在经过27年的冷冻之后，转移到适宜的环境里，依然能够生长分化，顺利诞生为一个婴儿。这个著名的"冰宝宝"就是出生在2020年的茉莉，这也为缓慢发展的人体冷冻技术带去了更多的希望。

虽然人体冷冻技术有很大的前景，但是它的不足之处也不容忽视。首先，脑神经信号的传导是每时每刻都在进行的，我们的意识就源于这种有序的信号传输。而解冻之后的神经传导是混乱的，也就是说解冻复活之后的人，有很大可能是无法拥有正常思维的。最重要的是，对于人体的热传导系统而言，无论是进行冷冻还是解冻，都会有无数细胞死亡。此外，人体冷冻技术所需的费用从 9 000 美元到 20 万美元不等。即便如此，从 20 世纪 60 年代开始，已经有上千人接受了冷冻。未来的人体冷冻技术究竟能发展到怎样的程度？让我们拭目以待。

不仅在医疗领域，在接下来的几十年里，科技将带领人类突破潜力的极限，甚至突破生物的极限。可穿戴设备和脑机接口会将外界即时信息和我们的意识联通。与大脑直接连接的假肢和外骨骼可以让老人和残疾人重新获得移动能力，让我们获得更多的力量，突破体能的限制。内置计算系统的隐形眼镜或精密探测器，会被植入我们的身体，让我们拥有夜间视力和穿越障碍物的听力。虚拟现实（VR）和增强现实（AR）装置也可以被嵌入我们的身体，让虚拟和现实融为一体，让现实生活更加便利和多姿多彩。

在现代医疗科技的不断发展下，人类将可以获得"千里眼""顺风耳"和"长生不老"等神奇的"超能力"，我们的生活将变得更健康、更美好。

第三章

科技改变日常生活

我的母亲有两部手机，她可以熟练地使用微信和孙子孙女视频聊天，流畅地在淘宝或者拼多多里购物，以及在抖音、快手、全民 K 歌等 App 中进行直播、刷分、点赞、分享等操作。

　　和众多的父母一样，她也会经常给我转发一些健康养生类的文章，推荐我做直播，强烈建议我购买一些比特币，同时为未来她的小孙子可能面临失业以及机器人可能统治地球的想法而担心不已。

　　作为一个在互联网、大数据、人工智能等领域工作和研究了 20 多年的儿子，我忽然感觉，现代科技爆炸式发展不仅仅给年轻一代带来了巨大的冲击和影响，父母一辈也同样徜徉在这股科技洪流中，经历着科技发展给生活带来的巨大改变，而这些改变，将会触及我们生活的方方面面。

一、植物工厂

一万多年以前，人类就已经从事农业活动了，从采集打猎到田间地头，靠着一茬茬庄稼养活自己。一万多年之后，我们已经可以填海造地，发射火箭，建造国际空间站……人类的足迹遍布地球的陆地和海洋，甚至延伸到了宇宙。人类编写的智能程序已经比人类自己更聪明，但农业种植技术却一直没有根本上的变化，仍旧依赖于阳光、空气、水源和土壤。

SquareRoots 是美国的一家植物工厂公司，创始人名叫金博，他是大名鼎鼎的企业家马斯克的亲弟弟。哥哥马斯克每天琢磨的是去太空、去火星的大事，而弟弟有一天拍一拍手上的粪便和泥土转过身来，人们才发现，他要以自己的方式颠覆人类延续万年的农耕模式。

金博他们的"试验田"位于纽约市一个停车场中，

他们收集了 10 个集装箱，并花费了几百万美金为其安装了传感器、专用照明灯、排水管、悬壁培养器和温度控制装置。他们的蔬菜都是在这种智能植物工厂中长大的，对四季完全没有概念，不仅不会面对风吹雨打、病虫灾害，甚至连一捧土都不需要。

如果你打开一个集装箱的大门，就会看到莴苣、芝麻菜、罗勒、白菜等各类蔬菜，整齐地"贴"在两侧的墙壁上，箱子里散发着粉色的光芒，给人一种科幻片的感觉。金博介绍说，之所以会选用这种特别的灯光，是因为植株的光合作用依赖于红色和蓝色的光线。更神奇的是，从种植到收割，只需要一台 iPhone 手机就可以控制。假如情况良好，一个集装箱将具备相当于 12 亩土地的产量，而且收获所需时间比传统种植方式短得多。

目前 SquareRoots 生产的青菜在很多高级餐厅里都能吃到，这种蔬菜的销路很好，除了对人体有益无害之外，它还有一个独特的优势：可以根据客户的需求定制品类，这得益于 SquareRoots 的植物工厂对光线、温度、湿度等因素的精确控制能力。只要知道某种蔬菜生长所需的条件、成熟的时间等，就可以在植物工厂中复制出来。

这样低投入、高效率的植物工厂技术，是人类未来解决粮食安全、资源和环境问题的关键，也是太空航行、火星探测等蓝图实现的关键。有了这样的技术，即使是在沙漠戈壁等残酷的自然环境中，人们也可以利用无穷无尽的太阳能或其他清洁能源，再配以固定的种子、水和营养物质，生产出无穷无尽的粮食。

二、人造肉

2013年，荷兰的一家实验室生产出了第一块人造肉。现在，随着一些人造肉公司的上市，以及人造肉概念股价格的狂涨，人造肉已经成为一个颇具"钱景"的行业，就算是比尔·盖茨和李嘉诚，也会闻风而动。

究竟什么是人造肉呢？事实上，人造肉并不难理解，它总体上可分成两类。

第一类人造肉叫作"素肉"，这种肉以蔬菜为原材料，模拟真实的肉的风味和成分。比如 Beyond Meat 公司从豌豆、蚕豆和大豆等天然植物中提炼出蛋白，并模仿肉的组成和味道来制作人造肉。为使味道更加逼真，配方中还加入了少许的面粉和土豆淀粉，并添加了血红素，可以补充色泽、香味等方面的不足。他们生产的一种名为"Beyond Burger"的素食人造肉饼，其外观和味道与真正的牛肉已经没有任何区别了。然而，这个肉饼比较贵，大约 40 元一个。

中国自古就在这一领域做出了尝试。宋朝时期的史料中就有用豆腐制作素肉的记载。素食方面，有素鸡、素鸭、素牛肉、素肠，等等。例如，素鸡就是用豆腐做的，而素牛肉是用豆浆和椰子油混合制作而成的。

第二类人造肉叫作"干细胞培养肉"，是利用动物的细胞"种"成的。

许多饲养场为了提高经济效益，都会用高剂量的生长素和抗生素喂养家畜，从而危害到了消费者的健康。而培养肉既可以保持清洁，又可以防止细菌的传染，还可以添加一些对身体有益的成分。2013 年荷兰的那个实验室生产出的就是这一类人造肉，他们为全球的新闻记者和美食爱好者介绍了用人造肉制作的汉堡包，由此引发了一股人工培养肉的热潮。

培养肉如何制造呢？生产过程一般包括三个步骤：第一步，对动物进行组织切片，提取其体内的活体组织；第二步，从动物的肌肉组织中提取干细胞；第三步，将动物的干细胞放在生物培养皿内培养成肌纤维。培养一块薄如蝉翼的人造肉，所需的肌肉纤维组织的数量是非常庞大的。

让我们一起来看看美国的 JUST 公司如何制造"人造肉"。首先，要挑选一只非常健康的"模范鸡"。然后，将鸡的羽毛收集起来，从中提取一种可以成长的细胞。JUST 的研究人员从羽毛中获得这种原料细胞以后，就着手寻找能使细胞快速、高密度繁殖的营养成分。高强度的增殖可以让细胞更快地长成"肉"。经过一系列的培养，从鸡毛中分离的细胞就会转化为肉了。

目前，人造肉技术正在蓬勃发展。虽然口味或许难免和真的肉还有些许差别，生产成本也比较高，但相信随着科技的进步，总有一天，人造肉会摆在千家万户的餐桌上，变成一道道健康美食。

三、科技住宅

住宅是我们人类赖以生存的居住场所，住宅相关的科技发展自然也不会落后，于是科技住宅的概念出现了。

我们可以大致回顾一下住宅发展的历史。首先是房型的变革，在室内的功能区域上进行适当的布局，以增加居住的舒适度；其次是设计的革新，突破了过去千篇一律的格局，让我们一进门就会感到心旷神怡；然后是学校、医院、运动场、游泳池等辅助设施的配套；最后是小区的整体规划，要有大片的绿化，还要有个性，这样才能让社区的整体面貌变得更好。而在将来，人们会在科技发展的基础上，对住宅进行环保方面的规划，更加细致地甄选材料。总而言之，一次又一次的改变，一次又一次的提高，都意在改善居民的生活品质。

　　科技住宅是一场居住体验由初级向高级转变的革命。人的舒适度，归根结底，取决于温度、湿度、清洁度等因素，这些都是科技住宅的核心发展方向。

　　未来的科技住宅，将具有恒温、恒湿、恒氧、恒洁、恒静的特点。

　　恒温：使用可再生能源（地热、空气能等）和终端式辐射，夏冬恒定在不同的温度，全年保持室内温度适宜。

　　恒湿：利用智能湿度模块自动监测和调整室内的湿度。

　　恒氧：采用"地送顶回法"，利用不同的送风和室内的温差，使室内全年充满新鲜的空气，净化室内的二手烟、甲醛、苯等有害气体，使空气含氧量充足。

　　恒洁：去除粉尘污染，保持室内洁净，不受污染。

　　恒静：采用具有高密封性能的高科技薄膜玻璃，有效地减少来自室外的噪音，达到高级别的降噪效果。

　　此外，以物联网技术为基础的智慧家居系统，将整合家居生活相关设施，建立起一套有效的家居设备管理体系。试想，早晨，窗外有几只鸟儿清脆地叫着，把你吵醒。掀开窗帘，就可以闻到一股清新的气息，带着淡淡的香味。"呼！"这是一种雨后的滋味，一种回家的感觉。

四、智能家居

我们在第一章"科技改变未来"里，已经为大家展现过未来智能家居的一些应用场景了，下面我们来具体聊一聊智能家居。

我们经常会听到别人夸赞"这个小朋友真聪明啊"，但恐怕不会有人这样问："你的房子聪明吗？"事实上，随着科技的发展，我们的家也会越来越"聪明"了。过去，人们需要挖一口井来取水，现在，只要打开水龙头，水就会流出来。电脑、智能电视机等家居"新成员"也在不断涌入我们的生活。如今，提升家居的"聪明度"也是科技发展的目标之一。

当主人出门忘记关电视、空调等家电时，只要拿出手机操作一下，就可以随时随地关闭它们；如果忘记关窗、衣物未收，也可以通过手机关上门窗，收好衣物；

如果有不速之客闯进家门，家里的警报器就会发出警报，并自动通知警察。你的家会根据时间、温度、居住人的习惯，自动控制床帘和空调，自动加热牛奶，自动清扫房间……

居住体验直接影响我们的生活品质。与传统的家庭生活相比，以新科技为基础的智能家居，将会使我们的居住体验进入一个崭新的时代。

在传统的家庭生活中，家务劳动都是人工完成的，不但会消耗很多的时间和精力，还会加重人们的精神疲劳，让家不再是一个轻松愉快的场所。随着科技，特别是互联网科技的不断进步，人们的家庭生活也随之发生了巨大的变化。在应用了智能家居的生活场景中，所有的电器都是智能化的。

智能家居，又叫家庭自动化，它把家里的各种电器，如电灯、空调、微波炉、电饭煲、报警器等，全部连接进一个专用的网络，实现自动调控，提高居住环境的舒适性和便利性。

智能家居系统通过语音就可以进行实时控制。出门在外还可以通过手机 App 进行遥控。同时，家庭设备运行情况、实时画面、抓拍画面和警报等情况，也可以及时地反馈给主人，让我们在任何地方都能了解家里的情况。

五、无人驾驶

无人驾驶汽车是智能汽车的一种，无人驾驶技术是无人驾驶汽车所应用的核心技术，主要依靠车内的计算机系统操控智能驾驶仪来实现没有人类司机也可以在路上行驶的目的。除了计算机系统之外，无人驾驶技术还需要人工智能、视觉计算、雷达、监控装置和全球定位系统的协同合作，这样计算机才可以在没有人类主动操作的情况下，自动、安全地驾驶机动车辆。

许多专家都认为采用全自动驾驶技术是缓解交通阻塞和解决交通事故的最佳方法。全世界数十家科技公司已经投资了数十亿美元用于无人驾驶技术的研发，相信在不久的将来，这将成为人类出行的主流方式。看到这里，可能有人想问：无人驾驶真的比人类驾驶更好吗？

要回答这个问题，必须先理解什么是无人驾驶技术。无人驾驶技术分为六个等级，从不具备任何自动化特性的第0级到具备完全自动化功能、无需人工干预的第5级。在第5级，汽车将不再需要刹车板、制动器和方向盘，是大多数公司想实现的目标。如果能实现这一级别的无人驾驶，未来的交通将不再是一件浪费时间和精力的事情，人们在路上的时候也可以吃喝玩乐、放松享受。

无人驾驶汽车的主要优势之一，是通过消除人为因素来提高道路安全性。据世卫组织统计，每年全球约有135万人死于交通事故，每24秒就有1人，其中90%以上的事故是人为错误造成的。交通事故排名位于全球十大主要死因的第八位，也是唯一一项非疾病类的高致死因素。其实，如果严格遵守交通规则，大多数道路交通事故是可以避免的，但是当处于驾驶状态中，人类并不擅长遵守规则。

人类不是机器，所以驾驶时或多或少会有违背交通规则的现象，如超速、玩手机、酒后驾驶，等等。人类的道路安全驾驶程度还受到生物条件的限制，随着开车时间的增加，人类的疲劳程度增加，注意力和反应速度随之下降。无人驾驶汽车就不存在这些问题，自动驾驶系统不会疲惫或被分散注意力；车辆上装有许多传感器，自动驾驶的视野范围更全面，不存在视觉盲区；能比人类更快地做出反应。

全自动驾驶汽车之间还可以相互沟通和协调，非常有利于缓解和规避交通拥堵问题。在道路行驶中，为了避免交通无序拥堵，人类需要路标和红绿灯等工具来辅助进行车辆的指挥和沟通，但是这样就降低了通行效率。自动驾驶技术会让车流变得顺畅起来，车辆之间自动进行交叉、避让，不需要停下来浪费时间。未来的交通方式可能就像我们在科幻电影里看到的那样，你需要做的就是在车上坐稳了，尽情享受路上这段旅程。

第四章

智慧城市超级体验

小时候，我对城市的所有印象就是高楼大厦，灯光璀璨。我们想象着，什么时候可以住到楼房里去，楼上楼下，电灯电话；什么时候可以开上小汽车，想去哪里就去哪里；什么时候可以像科幻电影的情节那样，有各种各样的机器人为你服务。现代化城市，承载了我们对美好生活的诸多想象。

　　还记得，我们家是整条街上第一个买了电视机的家庭，每到晚上 7 点，窗户外面就趴满了人，都在等着看《加里森敢死队》；我们家也是整条街上第一个装上电话的，街坊邻居有什么重要事情，都会来家里借电话打。我们家第一次搬进楼房时，对着两室一厅一卫的格局大加赞赏。科技与城市，让美好的生活逐步来临。

　　城市，作为人类文明的一种重要象征，在经历了漫长的岁月之后，也变得愈加庞大。大量聚集的人口，造成了交通拥堵、治安混乱、资源匮乏的现象。将来，会有越来越多的人生活在城市里。据联合国预计，到2050年，世界上68%的人将生活在城市里。这就意味着，我们的城市面临着环境、社会和经济等诸多方面的挑战。而对城市的管理者来说，通过科技手段解决各种城市问题，使其得以健康、持续地发展，成为一种迫切的需要。

智慧城市就是利用科技来提升生活效率、改善生活品质和公共服务水平的城市。简而言之，就是利用各种信息科技，将城市的各种系统和服务连接起来，提高资源的利用率，提高居民的生活质量和水平。智慧城市的建设规划涵盖了能源系统、交通系统、政务办公等方面，甚至包括路灯管理、垃圾回收等细节。在先进的大数据等技术的支持下，资源得到最大化利用，城市生活将变得更加轻松和美好。

智慧城市作为一种城市模型，集成了未来最先进的数字化技术手段，其中物联网、数字孪生、大数据等技术是智慧城市应用科技的典型代表。你未来在城市里走过的每一条马路，路边的每一个商场、每一个公园，都将具备"智慧形态"，具体包含智慧交通、智慧场区、智慧工厂等。智慧城市即是由这些部分组成的集合体。

下面就让我们一起来聊聊"智慧城市"的来龙去脉吧。

一、智慧城市的由来

业界广泛认同美国万国商业机器公司（IBM）于 2008 年提出的"智慧地球"概念，此概念成为智能城市发展的一个开端。事实上，在更早的时候，纽约和新加坡等一些地方，就已经开始使用"无线城市"和"数字城市"的概念。

正如上文所述，智慧城市的出现，是由于快速发展的城市，以及快速增长的人口，给城市管理造成了极大的困难。基础设施落后、交通堵塞、环境污染、治安事故频繁等问题，影响着城市的发展，同时也影响着市民的幸福感。因此，现在的城市都在积极地引进信息技术，以期改造、升级城市管理。

中国是一个人口大国，经过数十年的改革和开放，城市规模迅速扩张，经济水平迅速提高，随之而来的城市管理问题也逐渐凸显出来。因此，中国急需发展智慧城市。智慧城市的概念一经提出，立刻在全国范围内引起了广泛的重视，各方面都展开了相关的研究与开发。中国的城镇化比例在 2011 年第一次突破了 50%，城市人口总数也超过了乡村人口。而在这个时候，政府也在加紧出台相关的政策和指引，以推进智慧城市的建设。2013 年 1 月，全国共有 90 个城市被列入试点名单。随后，第二期 103 个，第三期 97 个，相继发布。德勤公司在 2018 年发表的《超级智慧城市报告》显示，全球共有 1 000 多座智慧城市建成或正在建设，其中中国拥有 500 座，位居世界第一。据国家信息产业部最新报道，目前中国已有 700 多项与智慧城市相关的试点项目。中国拥有如此多的智慧城市，不仅仅是由于政府的决策，也是由于中国的信息和通信基础建设十分强大。中国拥有全球最大的手机通信网络和全球最完整的信息与通信技术（ICT）产业链，在技术、人才等方面发展迅猛，在建造成本上也具有明显的优势。

二、智慧城市的优势

说了这么多，智慧城市究竟能为我们带来什么呢？

智慧城市，就是利用信息与通信技术，为一座城市进行赋能。总体来说，做的事情并没有太大的变化，区别是，服务能力得到了极大的改进，效率和人性化程度也得到了大幅提高。

我们从实际生活中给大家举几个例子。

首先是政务服务领域，很多生活中的事项，如户口变更、身份证受理、护照签证办理、房产交易等，以往需要到现场进行人工办理，需要排队，十分不便。现在，有不少事项都可以通过网络进行办埋，这就是我国政府大力发展智慧城市的结果。相关政府部门建立数据库、录入信息、开发 App。老百姓可以通过 App，进入政府的系统，在线操作和办理所需事宜。我国政府一直在大力推行"一网通办",提高政府部门的工作效率和人民的满意度。

第二个例子和智慧城市的公众安全有关。某次警方在张学友的演唱会上成功抓捕了一个通缉犯,这就是大名鼎鼎的"天眼工程"和"雪亮工程"的成果。在公共场所安装监控摄像机,配合视频录像和人脸识别技术,对犯罪嫌疑人的面部特征进行智能识别,通过大数据与人工智能进行比对,可以大幅提高案件侦破效率。

第三个例子,则与这场新冠肺炎疫情有关。2020年新冠肺炎疫情暴发,智慧城市的价值得到了充分的体现。我们的健康码和行程码,都是智慧城市的典型产物。智慧城市,建立了一个闭环的医疗卫生应急体系,可以实时发布疫情情况,追踪疑似患者,协调防疫物资,推广相关的防疫举措和政策。

总的来说,发展智慧城市,可以为家庭与企业提供更多便捷的公共服务,改善城市生活品质,提升市民的生活质量,建立城市的竞争优势,甚至重塑城市的发展格局和发展模式。

三、无处不在的物联网

互联网的出现是人类通信技术的一次革命，互联网被认为是人类最重要的发明之一。移动互联网的出现及兴起，更大程度地改变了人们的生活方式。而物联网也是基于互联网发展起来的，简单来说，物联网就是让物品和物品相连接的互联网，在物与物之间进行信息交换的网络。

比如，电视遥控器与电视对话或者空调遥控器与空调对话；智能摄像头拍摄到砸坏你家玻璃的小偷，并将信息传输到你的手机上；你加班加到晚上九点，肩膀疼痛难忍，你的智能服装感应到你的不舒适部位，将信息传输给你家沙发，你的沙发开始为你进行有针对性的按摩……这些都是物联网的应用方式。

物联网能够提高生活的自动化、智能化水平，可以实现原来难以实现的物品功能。我们在前面讲到的智能家居也是物联网的典型应用。

要实现万物互联的物联网，我们就得说说现在的另一个热门话题：5G、6G 技术。

四、5G 技术

　　5G 就是指第五代通信技术，它与前代技术最显著的区别便是具有毫米级波长、超宽频、超高速、超低延迟等特点。1G 手机支持模拟语音通信，手机没有显示屏，只能用于通话；2G 手机不仅可以进行语音通信，还可以发短信；3G 手机可以通过手机发送图片和多媒体，手机屏幕也变大了一些；到了 4G 通信时代，手机上网速度就快多了，甚至可以用手机进行视频通话，但是城市信号好，农村信号差。从 1G 到 4G，都是为了让实现更加便捷的交流，而 5G 技术将会实现随时随地的万物互联，让所有人、所有物品都连接在一起，让我们真正迈进智能社会的大门。

　　5G 能实现毫秒级的端到端时延（指信号从一端发送到另一端所需要的时间），甚至低至 1 毫秒。当人的手指被针刺中，大约需要 100 毫秒，疼痛感才会传递到大脑，5G 的反应速度比人体快 100 倍。

5G 的低时延也让自动驾驶、虚拟交互、竞技游戏、远程机器人操控、远程医疗等方面的技术有了进一步提升。我们在使用 VR 时，如果动作和视觉产生超过 20 毫秒的时延，就容易出现头晕，而 5G 低时延的特点就可以解决这一问题。此外，5G 的低时延也使自动驾驶系统获取传感器信号和异常检测的速度更快，自动驾驶由此变得更安全、更完善。

5G 还可以支持超高密度的物联网终端连接，每平方千米连接的物联网终端数量可达到 100 万台，比 4G 提升了 10 倍，就算有 10 万人在同一个地点使用网络，网络也不会被"挤爆"。如果说 4G 时代通信技术的发展让人与人的连接更进一步，那么 5G 的发展不但增强了人与人的连接，还提升了人与物、物与物的连接。发展 5G，将 5G 融合到各行各业中，能够带动整个社会赋能于各行各业，让万物智联成为可能。

五、6G 技术

6G 当然就更先进了，它是第六代移动通信标准。与 5G 不同的是，6G 将建立一个能实现陆地、天空和海洋一体化的通信网络，其数据传输速度预计将再提高 100 倍。

6G 网络的目标是建设一个覆盖陆地、天空、海洋的无"盲区"的通信世界。也许在 6G 的时代，登山者在登山过程中遭遇危险时，可以及时将自己的位置和求助信息传送给救援组织，不会再为无信号和时间延迟的情况所困；我们在飞机上使用网络也不会对飞行的安全性造成任何影响；在海洋中，船员无须担心失去与陆地的联系，6G 可以确保通信畅通。要想建立这样一个由卫星、航空平台、舰船等单位组成的陆地、天空、海洋一体的通信网络，6G 是关键技术。

6G 的网速将会是 5G 的 100 倍，达到 1TB/s 的速率，也就是说，1 秒钟就能下载一部电影，无人驾驶和无人机的操作也会变得轻而易举，没有延迟。在 6G 时代，信息的传送能力大幅增加，传送时延缩短，不仅会提升网络速度，也会全面提升使用者的互动体验。关于 6G 概念的界定，学术界众说纷纭，5G 的概念主要是为"工业 4.0"做前期铺垫的，但 6G 的具体应用还处于探索阶段。有专家预测，未来 6G 将在空间通信、机器协同、全自动交通、智能交互、触觉网络、多感官混合现实等方面发挥重要作用。6G 网络时代将是一个万物互联的时代，物联网将会得到各行各业的广泛应用。根据预计，6G 大约会在 2030 年左右投入商用。

六、氢能源技术

最后我们来聊一聊新能源革命中很重要的一项技术：氢能源技术。2021 年 7 月，西安交通大学团队开发出高密度固态储氢材料，可将氢能源压制成不同的形态，这是一个重大的技术突破。氢是一种零碳排放的清洁能源，被誉为"21 世纪的终极能源"。如果氢能成为被广泛使用的能源，那么我们的生活将发生革命性的变化。

氢能相对于其他新能源，有一个巨大的优势：可储存。电力因为无法储存，所以无法方便地进行贸易，而当电能或其他可再生能源转化为氢气，就出现了一种新的大规模贸易载体。因此，从贸易特点上来说，氢能可以帮助我们在应对气候变化方面开展全球合作。

专家们认为，随着世界范围内的能源革命的进行，一场针对氢能的全球性竞争已经在各国间展开。谁掌握了主动权，谁就会在未来的产业链中占据更大的优势。尽管氢能技术还没有其他清洁能源技术那么成熟，但是没有一个国家愿意冒落后的风险。从世界范围来看，世界上的氢能工业发展势头很猛。目前占据世界总GDP52%的27个国家中，有16个国家已经制订了氢能发展计划，而剩余11个也正在制订自己的计划。我国也是这11个国家中的一个。目前，全国20余个省市已经出台了氢能发展规划和发展战略，许多市场主体正在迅速向产业链上游、下游延伸。

此前氢能已经广泛应用于航空航天、陆运、水运等领域。但由于氢气易燃易爆，氢能的大规模推广取决于储氢技术的发展。西安交通大学这项技术突破不仅破解了储氢难题，还降低了运输氢气的成本，这对行业来说无疑是一大福音。

纵观全球，绝大多数资源型国家都深陷"资源诅咒"，因为他们开发资源的技术并没有多大进展，而真正决定国家命运兴衰的并不是资源的多少，而是利用资源的能力。人类的未来有军事之争、财力之战、科技竞赛，但归根结底还要看能源的竞争，谁先找到那个支点，谁就能用科技撬动地球。

第五章

大数据在未来生活中的应用

我的母亲作为一个紧跟时代潮流的老太太，在网上购物当然不是难题。有一回我的母亲问我，那些卖东西的 App 上，有个"猜你喜欢"，为啥会猜得那么准？推荐的商品很多都是自己正准备买的。我对她说：你是被大数据给跟踪了。

　　电话号码、家庭地址、家庭成员、医疗记录、信用卡消费记录、银行提款记录等，这些数据都会从我们的行为中产生，且会存在于我们的生活中。过去由于没有合适的工具，这些数据无法被完全记录下来，或是被封存在一个个单独的"小仓库"中，不仅无法使用，也很难探索。随着网络技术的发展，数据的记录、集成、互通都可以在一瞬间完成，因此数据的数量也空前庞大起来，还衍生出了许多不同的用途——这就是大数据的诞生。

一、数据的重要性

就像 20 世纪石油在能源领域引发了石油革命，如今海量的数据也带来了数据革命。20 世纪 80 年代诞生的通行系统和移动电话系统彻底地改变了人和人之间的关系，使人与人相互联结成了一张巨大的网。

在我们的日常生活中，每分钟可以产生大概 15 000 条短信、2 亿封邮件、2 万条微博，搜索引擎上可以产生 200 多万个关键词。我们时时刻刻都在生产各种类型的数据，比如通信数据、社交数据、经济数据、医疗健康数据、行为数据等。这些数据也会通过电脑、手机、智能手表、照相机、传感器设备等被收集，然后被进一步处理分析，最后被关联统计。或许若干年之后，随着数据关联统计的成倍增加，所有人的相互了解将变得可能。我们每时每刻生产的大量数据构成了整个世界的大数据，就像当年的石油一样，带来了巨大的市场和商机。以人类的医疗健康数据为例，随着关联数据的成倍累积，再加上相关科技的飞速发展，人类器官的常态化检查将变得可能。这样一来，心肌梗死、脑卒中等病症都可能在发作前就被察觉。未来，人类的健康数据可能从出生时就被记录，直至死亡。而这些大数据将给医疗、科技等相关行业带来巨大的市场前景。

美国的安客诚（Acxiom）是全球最大的信息数据公司，掌握了世界上 7 亿人的数据资料。华为、苹果和阿里巴巴这样的公司也掌握了大量的个人数据信息。行业之间、企业之间会彼此交换用户的消费习惯数据、社交数据等，以增进对用户习惯的了解。

相互关联的个人数据对公安部门来说也有很大的用处。当犯罪分子成为被关联个体的一员时，情报部门就可以更加便利地获取他们的行为数据，以此了解他们的社交关系、行为动向等。现在随处可见的监控、手机等电子设备的 GPS 定位功能、我们的邮件记录、通话记录等都成了公安部门获取数据的途径。

我们每天生产的各种类型的海量数据，随着时间的积累被收集和关联，然后变成一条条可以被查询到的记录和一个个可以被下载和分享的数据集合。人类的认知能力已经无法跟上大数据发展的步伐，我们更多的是接受大数据的支配。数据是新时代的石油，而就像石油革命在给人类社会带来巨大进步的同时，也给生态环境造成了灾难性的破坏，数据革命在给人类生活带来巨大便利的同时，也给个人数据的安全保护带来了难题。

2010 年以后，人类短短两天产生的信息量就和人类发明文字记载以来 5 000 多年产生的信息量一样多。可利用的海量信息中近90%都是近几年产生的，而这些信息中的98%都是以数字形式保存的。就像当年的石油矿藏一样，数据催生了无尽的利润。2008 年，"大数据"这个词才刚刚被收录进词典，而全球的交易额就达到了 89 亿美元，此后每年以 40%的速率递增。和石油不同的是，数据是一种取之不尽的原材料，数据信息源源不断地被生产和输送着。

在石油行业中，原材料的增值是在精炼提升的环节中实现的。而数据信息的提纯是在计算机获取大量的信息之后，通过复杂的算法实现的。这种算法是一种借助越来越强大的计算机进行的信息处理过程。如今我们正在亲身参与这个被大数据掌控的世界，我们在生活中拍下的照片、看的电影、小说、菜谱……一切微小的细节都会被大数据化。

二、大数据的现在和未来

（一）当下的大数据

大数据有助于市场经济调控、公共安全防范、灾害预警、社会舆论监督。

大数据有助于防止犯罪、建立智慧交通、提高紧急应变能力。

大数据有助于建立病人的健康风险追踪机制，提高药品的使用效率，并协助研究机构为病人提供个性化的药物。

大数据有助于为用户更精准地推荐朋友，为求职者更精准地提供工作。

大数据有助于电商公司将商品和服务推荐给消费者，帮助用户在最适合的时间以最优惠的价格买到自己心仪的商品。

大数据有助于娱乐行业对歌手、歌曲、电影、电视剧的流行趋势进行预测，并为投资人分析和评价一部影片所需的资金与成本。

大数据有助于企业找准市场定位，降低物流和存货的费用，降低投资风险，提高广告投放的精准度和有效性。

（二）未来的大数据

虽然我们不能完全预见大数据将会给人类社会带来怎样的变化，但毫无疑问，如果持续发展下去，大数据带来的变化将会席卷整个世界。

例如，亚马逊公司的终极目标是"最成功的书籍推荐应该只有一本书，就是用户要买的下一本书"。

谷歌公司也希望当用户在搜索时，最好的体验是搜索结果只包含用户所需要的内容，而这并不需要用户给予谷歌公司太多的提示。

展望未来，大数据要处理的问题应该是人的问题。比如，建立每一个人的数据中心，将这个人的生理特征、生活习惯、社交网络、知识、性格、喜好、情绪波动等，都充分记录下来，这样一来，所有的数据与信息，都可以在适当的时候被充分利用；

医疗机构可以对每个人的健康情况进行实时监控；

当一些人的心理健康出现问题时，社会可以有效地介入，预防自杀、犯罪；

金融机构可以帮助用户进行高效的财务管理，提供更高效的金融投资建议；

汽车租赁、交通运输等行业能够为使用者提供更适宜的出行路线与相关服务；

教育机构可以更有针对性地开发适合每个人的教育和培训方案；

社交网络可以为你找到最合适的朋友，也便于兴趣相投的人举办各种各样的聚会；

服务行业可以为用户提供新鲜、健康、符合用户要求的食物和其他服务；

……

当然，上面的一切看起来都很美好，但是否是以用户的隐私和安全为代价的呢？下面我们就来聊聊数据的隐私和安全问题。

大数据时代，数据的隐私和安全也变得极为重要。企业利用大数据设计出了更符合市场需求的产品，也为个人生活提供了极大的便利，但随之而来的是层出不穷的用户隐私数据泄露事件。然而大众对于此类话题的关注，往往局限于主管部门对涉事企业或个人给予了什么样的处罚。大众总感觉这些事件离我们自身很远，也很难造成有形资产的损失。毕竟就是一些姓名、电话号码嘛，泄露了又有什么关系呢？其实不然，你所泄露的数据有时不仅仅包含你的基本信息！

个人数据除了基本信息，还包含你的生活轨迹。

相信大家在日常出行中都会用到各类导航 App、打车 App。这类 App 运用 GPS、大数据分析和用户反馈等手段，实现了精准定位及路况信息的实时更新。这里面涉及个人隐私问题最多的地方，就是平台大数据库及其分析手段了。大数据库中，除了官方共享的资源外，很大一部分数据来自用户个人信息的实时上传，其中就包含了实时位置信息。我们的手机只要处于联网状态，就会不断上传我们的位置信息。

因此我们会发现，当 App 用户比较少的时候，路况信息反馈会不太准确。随着用户的增多，平台能够获得更多的数据进行智能分析，路况信息的反馈也就更加精准了，我们也觉得这软件更好用了。那再进一步想想，平台收集了这些数据，除了能分析出路况信息，还能分析出什么呢？正常情况下，我们每天上下班，行为轨迹很少发生变化。那是否可以根据某个时间段我们在某个位置的停留时长，分析出我们的工作地址和家庭住址呢？答案当然是可以！大数据甚至可以根据你和他人的位置关系，分析出哪些人是你的邻居，哪些人是你的同事，并预测你每日的出行路径，就像我每天早上都会收到打车 App 推送的"亲，预测您将前往建信人寿大厦，路途预计 20 分钟，现在打车有优惠哦"。当然，个人数据还有更多的应用，比如我们常看的百度热力图，如果有心，甚至能根据里面的数据进行房价预测。

个人数据除了基本信息，还包含你的生活消费习惯。

大数据"杀熟"已经是众所周知的事情了。平台会根据用户平时的购物喜好和消费习惯去推送商品，当你被系统判定为熟客且对价格不敏感时，你所看到的商品价格往往会更高一些，这种定价方法在经济学上叫作"价格歧视"。这里的"歧视"不是贬义词，只是表示企业判定你有能力支付更高的价格且为其带来更多的利润。通过对用户日常购物的消费金额、商品类别和消费时段进行分析，可以勾勒出用户画像。例如，你每月网购消费 2 000 元以上，商品基本是衣服、包、化妆品等，消费时间集中在中午和晚上，那大致可以推算出，你是一位上班的女白领，更大可能是 30 岁左右的单身精致女青年，具备一定的消费能力。你的收入水平、情感状态和上班职务等信息再加上你的基本个人信息，就能让平台在你空闲的时间推送你关注的商品，并在你的不断反馈中变得更加精准，消费贷款和各种"洗脑"广告也会随之而来。

个人数据除了基本信息，还包含你的人际关系信息。

当你刚下载并安装一个社交软件的时候，可能你只是想随便刷刷，但它总能给你推送一些认识的人让你添加好友，甚至连你忘记了姓名的小学同学都能推送给你。这意味着，你或者你们中的任何一人，开启了让平台读取通讯录的权限，这样平台就有可能把原本已经陌生的两人打上关联的标签。有个更加形象的例子：大家在刷抖音小视频的时候，是否也常常刷到同事、同学、朋友的小视频呢？你看到了也许会会心一笑，"原来平常严肃的他，还有这样的一面呢"。但细想之下，我们在享受"八卦"的同时，人际关系信息也被一览无余。平台能够调用这些数据，对我们进行更加全面的分析，利用这些数据丰富我们的标签，构筑出更加"真实"的我们，甚至比我们自己更"了解"我们。

如果上面这些涉及个人生活轨迹、消费习惯、人际信息等数据被泄露出去，被别有用心之人拿到，那我们也许就无法像现在这样淡定了。现在的不法分子也会动用互联网产品思维，对拿到手的数据进行分析，为我们建立用户画像，给每个人打上标签，最终制成一个精准的"优质客户"筛查系统！他们可以利用这个系统去实施精准的诈骗、高利贷和暴力催收等犯罪行为。公安部专项净网行动从 2016 年起已经累计侦破侵犯公民个人信息案件 1.7 万余起。我们常看到的电信诈骗导致老人倾家荡产、大学生裸贷导致失足和不良网站诱导赌博导致家破人亡等各类事件，就包括在其中。

《中华人民共和国数据安全法》已于 2021 年 9 月 1 日正式施行，个人信息安全随着国家重视程度的提高和立法的推进，将会得到更有效的保障。但与此同时，我们自身也要从以下几个方面来保护自己的信息安全：

第一，尽量不使用公共场所的 Wi-Fi，不轻易安装陌生的 App，不轻易打开陌生的链接。

第二，管理好自己的密码，不同软件尽量不要使用同一组账号密码。密码信息宁可记在本子上，也别存在手机里。

第三，注意个人信息泄露的问题，比如身份证照片、家庭住址、联系电话等。扔快递包装时，记得把快递单上的个人信息消除掉。

第四，不要什么信息都存到手机上或者云平台上，有时候用数据线拷贝出来可能会更安全。

数据时代下的个人信息安全是一个全新的课题，只有政府、企业、消费者共同努力，建立起良好的安全机制和安全意识，才能更好地发挥和利用数据的价值。

第六章

人工智能与人类

现在很多家庭都购置了智能音箱，可以通过语音对话的方式进行操控，我的母亲就常对着她家里的智能音箱说：

　　"小度小度，今天天气怎么样？"

　　"小度小度，我想听一首邓丽君的歌。"

　　"小度小度，我想和我的孙子视频通话。"

　　这台智能音箱准确无误地完成了这些指令。

　　我母亲时常感叹：这个小度音箱还真是聪明呀！

　　智能音箱的聪明到底是怎么来的呢？让我们先从一场荡气回肠的人类和机器的围棋大战说起……

一、下围棋的人工智能

2016 年 3 月，下围棋的人工智能阿尔法狗（AlphaGo）与世界围棋冠军、职业九段棋手李世石进行了举世瞩目的人机围棋大战，最终以 4 比 1 的总比分战胜人类。阿尔法狗到底是如何站上世界围棋舞台，并且战胜人类的呢？这一切都要从人工智能开始说起。

人工智能究竟有多大的潜力，非专业人士恐怕对此没有太准确的概念。尽管几十年前计算机已经在象棋、五子棋等项目上击败了人类，但我们对此并不恐慌，因为我们知道计算机是靠穷举法这种简单而原始的蛮力获胜的。人类跑得不如汽车快，也不会像飞机那样飞行，但我们并不会因此而感到恐慌；同理，我们也不会认为靠穷举法赢过我们的机器拥有智慧，我们依旧独占创造力这一资本。计算机无法靠超高的运算速度来获得智慧，就像它无法靠穷举法在围棋上战胜人类一样。围棋的变化比宇宙中原子的数量还要多得多。计算机无法准确地计算出所有可能性，自然无法与人类抗衡。人类棋手在下棋时，每落一子都是对过往经验的提炼，有时甚至依靠直觉。我们曾认为这是我们独有的能力，直到一个叫作阿尔法狗的程序的诞生。

（一）阿尔法狗的诞生

阿尔法狗是由美国深思公司（DeepMind）设计的，深思公司的创始人戴密斯·哈萨比斯（Demis Hassabis）是个从小就痴迷于棋类游戏以及计算机技术的人。在他看来，计算机会增强人类在思维层面的力量，就像汽车、飞机在物质层面的作用一样。阿尔法狗的前身并不是一个专门的围棋程序，而是一个学习程序。它的第一个挑战是弹球游戏，练习300局后，它已经与普通玩家不相上下，继续训练了200局后，它甚至找到了程序设计者都没发现的窍门——在砖块上打洞，好让小球在上层缝隙自行反弹。此时的人工智能已经不是那个只会穷举的"人工智障"了，它有了在围棋上与人类一决高下的基础。于是深思公司请来了一位叫樊麾的华人来验证阿尔法狗的实力。

樊麾是一名职业二段棋手，也是欧洲围棋冠军。刚接到邀请时，他对阿尔法狗的想象充满了科幻色彩，然后他被告知，实际上他只是要去深思公司和这个程序下几盘棋而已。听到这里，樊麾的紧张一扫而空。在他看来，阿尔法狗和网上那些围棋程序没什么不同，他本身就拥有不俗的实力，认为自己志在必得。

游戏开始了，第一局樊麾有一些失误，他输了。第二局他拿出了全部实力，结果又输了。接着是第三局、第四局、第五局，樊麾一次也没有获胜。樊麾有些迷茫，直到对局结束，他依然沉浸在既兴奋又沮丧的情绪中。阿尔法狗的胜利让他难以接受，但他清楚地知道自己正在参与历史。阿尔法狗击败欧洲围棋冠军的消息很快登上了新闻，很多人对这一壮举感到惊讶，但也有很多人怀疑樊麾和阿尔法狗的实力，甚至有人认为樊麾这个欧洲冠军存在水分，他充其量只是个业余爱好者。樊麾和阿尔法狗团队一时间被推上了舆论的风口浪尖。但团队清楚地知道，阿尔法狗已经和别的围棋程序完全不同了，它模仿的是人类的神经，这一技术被称为"深度神经网络"。这在过去只是一个设想，但现在计算能力的提升让这一设想成了现实。

学习围棋时，阿尔法狗先是像我们背棋谱一样存储了数十万份围棋高手的对局，接着通过自我对弈来积累经验。机器的记忆力与对弈效率远超人类，因此它只要一直重复这个学习过程，就会越来越强。此时的阿尔法狗已经十分强悍了，可深思公司还需要一个足够强大的对手来证明它的实力，他们把目光投向了李世石，一位韩国天才围棋手。

（二）围棋人机大战

李世石是职业九段棋手，这是围棋界的最高段位。他自幼开始学习围棋，一共获得过 18 次世界冠军。他是围棋界的顶尖人物之一，也是韩国人的骄傲。深思公司很快向李世石发出了邀请，他们为李世石和阿尔法狗举办了一次表演赛。比赛地点选在韩国，一共要打五局，裁判由樊麾担任。此时包括李世石在内的绝大多数人都认为阿尔法狗会失败，因为李世石看过阿尔法狗与樊麾的对局，他觉得自己的水平在此之上。

如果回到当初的那个时间点，阿尔法狗或许没有胜算，但程序是可以优化的，更可怕的是阿尔法狗是会学习的，它的学习效率是人类的无数倍，如今它的实力如何，没人能够准确判断。与信心满满的李世石不同，阿尔法狗团队的成员还是有些忐忑的，直到比赛前的最后一刻，他们依然在对程序进行着优化。比赛如期而至，作为举办地的韩国吸引了全世界的目光，无数媒体聚焦赛场，人类与计算机的大战即将拉开序幕。

李世石一身黑色西装出场，他对面则坐着代替阿尔法狗落子的深思公司的工程师黄世杰。第一局李世石执黑子，阿尔法狗执白子。阿尔法狗每下一子都要进行长时间的思考，但它的实力依然让围棋专家们赞叹不已。李世石很快被棋风怪异的阿尔法狗逼入劣势，他试着从对面的黄世杰脸上捕获一些信息，可惜的是对方只是负责落子的"工具人"，对手看不见摸不着，常规的策略无法奏效。李世石渐渐乱了阵脚，占据优势的阿尔法狗最后对李世石形成了碾压之势，李世石大比分落败。

第一场对局的结果令无数韩国观众咂舌，也令阿尔法狗团队的成员们兴奋异常。在赛后采访中，李世石对阿尔法狗的实力以及团队成员的努力表示了尊敬，但他同时也表示自己还是有 50% 的胜算。

第二天李世石开始了与阿尔法狗的第二次对局。这次他换执白子。与第一局不同，他这次看起来很紧张，落子速度明显变慢了。棋局一开始二者就陷入了僵持的状态。李世石完全改变了自己的风格，阿尔法狗的棋路也变得令人捉摸不透。

为了解答观众的疑惑，电视台邀请了深思公司的专家索尔为大家讲解阿尔法狗的原理。索尔告诉观众，阿尔法狗的程序有三个部分，策略网络、估值网络和树状分析。策略网络通过学习人类对局来找出每一步的数个可能的落子位置，估值网络则可以评估每个落子位置的胜率，而树状分析则是这两个模块的纽带。换句话说，阿尔法狗除了没有感情外，它的分析方式和人类是相似的，而且它的记忆储量更大，计算能力更强，考虑得更全面，它的落子完全不掺杂情绪，完全是为了更大的胜率。某一步棋在我们看来可能毫无道理，但实际上这就是胜率最大的走法。

场上的李世石显然也领教到了阿尔法狗的厉害。他再次陷入劣势，为了平复心情，他甚至中途出去抽了支烟。然而当他回来时，正好看到阿尔法狗的第三十七手棋，这一手棋极其怪异，不会有任何人类高手采取这种走法。但就像之前说的，阿尔法狗只看胜率，不看惯例，我们所谓的经验在它这里是不奏效的，李世石很快被阿尔法狗的招数逼入绝境。

第二局比赛李世石再次落败。人类方的连续失败让观众们沉浸在一种莫名的悲伤之中。这不单纯是一局比赛的失败，也是对人类自信心的一种打击。一时间，人工智能威胁论此起彼伏，人们都担心《终结者》中的剧情会真的降临到人类头上。尽管阿尔法狗团队的成员们指出，这一程序并不具备我们所想象的那种强智能，但他们还是同意在人工智能领域，人们需要从长远角度进行谨慎的交流和探索。

　　李世石休息了两天后，开始了第三次对决，但这次的较量依然毫无悬念。工程师们在程序后台看到，在第50手时，阿尔法狗的胜率就已接近100%，随着抵抗的余地被蚕食殆尽，李世石黯然离场。作为裁判的樊麾对李世石的悲伤感同身受。他们都是棋手，围棋是他们的生命，阿尔法狗的胜利，把他们视为艺术乃至生命的围棋，变成了冷冰冰的计算题，这是任何一个棋手都无法接受的。赛后李世石向观众表达了歉意。但观众们也明白，作为人类棋手，他做得已经足够好了。

（三）人类的胜利

　　在第四局比赛中，李世石之前的紧张情绪一扫而空，失败让他放下了包袱，他彻底投入棋局之中。在第78手时李世石落下了关键一子，这一步似乎超出了阿尔法狗之前所存储的经验。很快，阿尔法狗开始像换了个"人"一般胡乱落子，这种意料之外的情况似乎打破了它之前的逻辑，冷酷无情的"终结者"顿时变回"人工智障"。李世石乘胜追击，终于艰难地扳回一局。这次胜利为棋手，也为人类观众打下了一针强心剂。

人工智能并不是完美的，纵使拥有人类难以企及的运算力，它们还是存在着弱点。赛后，阿尔法狗团队也对这一手棋进行了分析，数据显示这一步的胜率为0.07%，这是人类的胜率，虽然微弱不堪，但还是令人敬佩。

可惜奇迹不会再次发生了。在第五局比赛中，阿尔法狗完全展现出了恐怖的实力，它的每一步棋都如同天才的神来之笔。李世石在这种状若鬼神的进攻下，无奈地缴械投降。这场万众瞩目的人机大战最终落下了帷幕，比分最终锁定为4比1。但无论对阿尔法狗团队成员，还是对世界各国的棋手来说，这都是一个新的开始。深度神经网络的成功证明人工智能技术向前迈进了一大步，这种技术进步必定会让人类社会发生深刻的变化。而对于棋手来说，阿尔法狗更像是一面镜子，它以一种近乎完美的表现，映照出了人类千年来棋局经验的不足之处。这为人类的围棋对弈注入了新的活力，李世石更是借此势头在后来的比赛中斩获连胜。

当然阿尔法狗也给我们带来了某些思考。例如我们所认为的智慧真的是智慧吗？还是像阿尔法狗一样，只是对经验的计算和总结呢？人类的历史是在实践中不断纠错的过程，但愿我们还能在将来的历史中保留我们应有的尊严。

人类用自己的智慧创造出了人工智能，而它作为一个全新的智慧，也是从一次次失败中开始，从人类的思维中脱胎的，这既是可贵的，也是可怕的。李世石第一次落败时，阿尔法狗团队在欢呼，此时他们庆祝的是团队研发的胜利。但当李世石第一次获胜时，阿尔法狗团队也在欢呼，这时他们庆祝的是人类依旧可以打败人工智能。从这场人机大战中，李世石学到了新的围棋思维模式，也学会了在人工智能面前保持谦虚和自信。而旁观者们也开始学会敬畏宇宙，正视自我的渺小。

二、身边的人工智能

著名的物理学家霍金在一次视频演讲中提到："在我的一生中，我见证了社会深刻的变化，其中最深刻的，同时也是对人类的影响与日俱增的变化，是人工智能的崛起。"

人工智能或许是一个听起来还很神秘的高科技名词，其实，人工智能的应用在我们的生活中已经并不罕见，例如，手机或音箱可以通过语音查询天气、订车票机票、播放音乐；基于大量人脸图片数据的人脸识别技术已经被广泛应用于车站验票、路径关卡、手机的刷脸解锁、人脸验证支付，甚至是美颜相机中的美颜装饰功能；基于用户行为数据的推荐系统，包括常用商品推荐、热点新闻推送等。这些都是人工智能在我们周围的应用。

在历史上，任何一次科技的重大突破，都会导致整个社会产生巨大的变化。人工智能的爆炸式发展，也必将对目前的社会产生深刻的影响。霍金认为，人类社会的下一次变革将由人工智能和量子计算驱动，在未来几十年内，人工智能技术会渗透到社会生活的每一个方面，成为人类生活不可或缺的一部分。

如果人工智能已经普及开来，进入了千家万户，我们的生活又会发生怎样的变化呢？回答这个问题可以帮助我们为应对人工智能所造成的影响做准备。下面就让我们来畅想一下。

（一）替代重复性的工作

当今的许多工作都是重复性的，例如售票、开车、算账等。毫无疑问，这类工作会首先被人工智能取代。如今的人工智能已经在模式识别上取得了巨大的进展，并且在许多方面都超越了人类的水平。所以，人工智能和机器人承担重复性工作只是时间问题。

但是，即便是重复性工作，人工智能彻底取代人类也是要花费一些时间的。这在很大程度上是由于在一些具体的方面，人工智能的辨识精度仍无法与人媲美，许多工作环境与场景还难以被模拟。

例如，机器人保姆的需求量很大，但是目前的技术还不能满足人们的需要，甚至连做饭和扫地这样的工作，机器也难以很好地完成。最重要的是，这种工作需要面对千变万化的工作条件，需要更高的机械操作能力。这就使得人工智能在短时间内无法完全替代人类，不过实现这个目标应该不会花费很长时间了。

只要看一下自工业革命起，人们的生活和工作场景发生的翻天覆地的变化，我们就可以断言：机械将会大量地替代人类工作，并且生产效率更高。被替代者也许没有机会通过再教育来寻找工作，要么把额外的精力用在拓展知识面上，要么把自己的生活浪费在虚拟游戏里。

（二）帮助人管理社会

一旦人工智能进入下一个新的层次，那么整个人类社会的格局都将会有巨大的改变，人工智能和机器人将会越来越多地成为管理者。

例如，当无人驾驶技术发展到一定程度时，将由人工智能来管理、协调和控制交通系统。如果人类试图干涉，反而会让交通系统的运转变得缓慢。因为人工智能极少会犯错误，这种类型的管理工作将是人工智能的拿手好戏。

当机器人能够更好地运用自然语言时，它就会逐渐成为一个中级的管理者。我们都知道，目前许多大型企业的信息管理系统实际上已经完全实现了电子化和流程化。从某种意义上来说，机器已经参与其中。但是，如果有一种可以运用自然语言的人工智能，那么这种信息管理系统的效率将会得到极大的提高，中级的管理者也会被逐步取代。

比如，公司里的很多监督和管理工作，都是按部就班地进行的。因此，将流程的运行交给人工智能，而不是人类，应该是一个更好的选项。在机器的治理下，能够很好地防止腐败。当计算机能够了解法规时，也可以参与执法机构的运转。因此，从企业、城市到国家，机器将会获得越来越多的管理权。

假如这一天真的到来，那将是一场巨大的改变。首先，在人的社会管理中，所有的感知、决策、管理和控制都是局部化的、分散的，而一旦人工智能接管了这些工作，它们将会充分地使用网络来分享信息，这样，所有的信息都会以光速在网络中传播，多方位、多部门的全面协作将会变得非常简单。

（三）定制化的人工智能

当一个完整、庞大、统一的人工智能社会形成时，人反而会变得更加个性化。随着人工智能的总体优化，人们的信息交流将更加顺畅，从而使得物质、能量和信息的流通更加高效。

因此，人们对精神生活的追求会越来越高，越来越希望拥有个性化的体验。如此一来，为了更好地适应人类的需要，人工智能就会朝着更加个性化的方向发展。到那时，每个人都会拥有一个智能私人助理，这个私人助理是一款非常个性化的智能软件。从"出生"起，它就会持续地适应和学习主人的行为。因此，将会出现无数个迥然不同的私人助理。虽然这些智能私人助理都是从同一个软件中衍生出来的，但因为它们学习的目标和道路不一样，所以它们也会成长为各不相同的智能私人助理。

但另一方面，这些智慧的私人助理将会以一种统一的、共有的形式与整个网络进行交流。个体的智能助理就像是一个连接器，连接着人的个体和整个网络世界。随着学习的持续，智能助理将会越来越像它所学习和模仿的对象。于是，所有人都会在这个数码世界里逐渐培养出自己的影子，它们取代了个体，实现了与外界的交流。因而，整个人类的社会形态都将投影到这个虚拟的世界，构成一个"镜子式"的虚拟社会。同时，人工智能能够让人超越生理上的限制，让人的生命得到延续，乃至让人从身体的局限中解脱出来，拥有更多的自由，甚至永生也会成为可能。下一章里，通过元宇宙的概念，我们会具体展望这一部分的内容。

虽然人工智能取得了许多令人兴奋的成就，前景一片大好，但我们也应该认识到，目前大部分的人工智能还处于"低人工智能"的阶段，这就意味着，是由编程人员对可能发生的事情进行预测，并做出相应的应对方案，再由机器执行。人工智能真正拥有思想和独立决策能力，仍在等待着基础科技的飞跃性发展。

第七章

虚拟世界元宇宙

"妈妈，你去哪儿了？我很想你。你想我吗？"

一位失去了女儿的妈妈在 VR 工作室的屏幕前实现了再一次见到女儿的愿望。张智胜妈妈戴着 VR 眼镜、耳机和触敏手套，来参与这次 VR 互动之前，她将三年前去世的女儿的骨灰装在了一条项链里，挂在脖子上，希望与女儿一同见证这一时刻。

这个 VR 系统由技术团队在 8 个月的时间内打造。VR 眼镜和耳机的作用是让母亲看到和听到孩子的音容笑貌，触敏手套的作用是感知孩子的头发、握住孩子的手。不过，母亲依然无法拥抱孩子，因为孩子没有实体。

除了见面以外，互动过程还包括给女儿庆祝生日、哄女儿睡觉。女儿睡着后，就在屏幕上化作蝴蝶离去了。母亲目送女儿离开，随即环顾四周，陷入了深深的惆怅。

在未来的虚拟世界元宇宙里，我们也可以像这位妈妈一样，和逝去的挚爱、亲人再次一同相处。

一、什么是元宇宙

在元宇宙中，我们可以超越物理位置的限制，进入虚拟空间，身临其境地与相隔千里的亲人朋友相聚。

那究竟什么是元宇宙呢？我们可以将它理解为与现实世界映射和交互的镜像虚拟世界，在现实世界中能做到的事，在元宇宙中同样能实现。在元宇宙中，我们拥有自己的化身，且不限数量。你可以按照自己的喜好，以形态各异的虚拟形象穿越不同的场景，比如去看电影、去档案馆查资料、和朋友们聚会跳舞等。

二、元宇宙的由来

"元宇宙"的概念最初来自科幻作家尼尔·史蒂文森（Neal Stephenson）1992 年创作的科幻小说《雪崩》。故事展现了一个平行于现实世界的网络世界，在现实世界中地理位置彼此隔绝的人们通过各自的"化身"进行交流娱乐，甚至可以在这个虚拟世界中生活、工作。

史蒂文森的原意是描述一个荒诞的赛博朋克世界，以此提醒人们注意资本主义与无管控的科技进步带来的负面影响，但书中对虚拟科技社会的构想无意间为大家打开了想象力的大门。

《雪崩》广受好评后，与现实世界平行的虚拟网络世界的概念迅速被科幻作家们接受，并且沿用了史蒂文森所创造的"元宇宙"这个称呼。

元宇宙的概念在随后的科幻电影中迅速定型。1982

年的《电子世界争霸战》可能是最早出现平行虚拟世界概念的电影，其续作《创战纪》则完善了这些概念并更加详细地描绘了这个虚拟世界。1999 年的经典之作《黑客帝国》中描绘的"缸中之脑"式的虚拟世界可能是令大家印象最深刻的"元宇宙"之一。

通俗地讲，元宇宙就是将我们现实生活中的一切，包括房子、道路、高架桥、办公楼、学校、医院、下水管道、天上的飞禽、地上的走兽等所有你可以看到的事物，一模一样地复制到虚拟的网络空间中，让我们可以在其中开展与现实中同样的活动，俗称"再造一个世界"！

三、元宇宙中的技术

元宇宙中包含哪些关键技术呢？对这个问题的回答可以从一个思考开始：如何进入虚拟世界？

目前进入虚拟世界的主流终端接口是 VR 眼镜（有的也叫 VR 头盔），戴在头上通过视觉接入。为什么用眼镜呢？因为眼镜的使用可以释放我们的双手，同时，借助一系列其他的穿戴设备，比如交互手套、交互鞋等，就可以实现我们在虚拟世界中需要完成的一些动作，例如开门、敲击、点击、支付、扔东西等。如果想完成更高精度的动作捕捉，该怎么办？穿戴布满传感器的体感服，也许是目前的首选方式，体感服上装载的设备能够完成对元宇宙中虚拟个体动作的精密控制，并进行及时反馈。

但是也有更高级的接入虚拟世界的方法，那就是脑机接口，我们在第二章讲述医疗科技的时候提到过。

2020 年 8 月，"马斯克震撼发布脑机接口，Neuralink 无损植入猪脑，下一步将实验植入人脑"的新闻震惊了相关领域。这项技术未来也许可以用来与虚拟世界相连，控制我们在虚拟世界中的分身，从而真正攻克目前眼镜作为终端接口所存在的各种问题——我们在虚拟世界中只能获得视觉和听觉的感知，但缺乏触觉和嗅觉的感知。如果脑机接口技术成熟，元宇宙终端将直接与我们的大脑神经元对接，这将解决人类在虚拟世界中所有的感知问题。

现在我们已经找到了打开元宇宙大门的钥匙——扩展现实和人机交互技术。在这两项技术的下层是计算机视觉、人工智能、区块链和物联网等技术，它们为元宇宙的建设提供具体支持，让元宇宙能够对我们的行为做出反馈。假设你和人工智能进行拳击对战，一击直拳打得对手跟跄后退，甚至跪坐在擂台上，这就是你带给虚拟世界的变化。而这些变化的产生离不开云计算和边缘计算，它们能实时计算出你给虚拟世界带来的变化有多大，例如根据你出拳的力度，结合对手的体重、围栏的阻力等，及时反映出你的对手是后退一米还是两米的距离。除此之外还有非常重要的一环，那就是元宇宙并非孤岛一座，不是你和电脑的单机游戏，而是有千千万万的现实玩家入驻其中，所以需要庞大的网络将你们连接起来。

以上这些要素共同组成了元宇宙的技术框架。各大科技巨头基于这一框架，围绕 VR、AR 设备、3D 游戏引擎、内容制作平台等元素，不遗余力地在元宇宙中开疆扩土。

2021 年 12 月 27 日，百度 Create 开发者大会在其推出的元宇宙社交 App "希壤"中举办，这也是国内首次在元宇宙中举办的大会。在这些科技大厂的牵动下，2021 年全球掀起了一股"元宇宙热"。然而科技是把双刃剑，创新永远是勇敢者的游戏。横跨科技、金融、社会等多个层面的元宇宙，风险与机遇并存。

元宇宙的概念自诞生起，一直随着技术的发展不断更新和变化，我们对它的理解也在不断深入。元宇宙究竟是不是人类的未来呢？我们只能交给时间来解答。

四、元宇宙中的未来生活

如果元宇宙的技术都成熟了，我们未来的生活会是什么样的呢？

首先，在大部分的空闲时间里，我们都会生活在虚拟世界中，所有在虚拟世界中产生的交易形态都将产生商业价值。

我在商业案例解析课中一直强调一个业态商业价值大小的判断方法：一个新产品或新业态的商业价值高低，与参与交互的人数成正比，同时也与客户的产品终端交互时间成正比。

说得通俗一点，你开了一家商店，商店每天的营业额（商业价值）与每天进店人数多少以及进店客户在商店中停留时间长短成正比。每天进店人数越多，客户在店中停留的时间越长，产生交易的概率和交易总额自然就越高。这就是为什么很多大卖场在入口直接让你乘电梯上二楼的原因，商场希望你在里面多逛一会儿，这样就有机会让你多买一些东西。

而元宇宙是将我们现实生活场景高精度复制还原，也就是让我们可以在虚拟世界中获得和现实生活一样的感知和体验。由于虚拟世界给予我们突破物理限制的可能性，因此，我们还可以在虚拟世界中完成很多现实生活中无法实现的行为或想法，因此对于现实生活中的绝大多数人来说，虚拟世界将带来无可比拟的爽快体验！

举例说明吧，例如：

你可以从你家的楼房窗户直接跳到对面的楼上，但是不会摔伤；

你可以在路上去殴打一个"虚拟人"，但不用承担法律责任；

你可以在虚拟世界中日行千里，但不觉得累；

你可以在虚拟世界中买个飞行器，飞到太空中去看月亮；

你可以在虚拟世界中娶十几个美丽的太太，或同时拥有好几个俊男丈夫；

你可以在虚拟世界中青春永驻，永远定格在最好看的设定状态，当然，你想转变性别也是可以的；

……

这些是什么？这些就是妄想的满足。

首先，由于现实生活中的物理限制和法律道德限制，我们总有很多无法满足的愿望。虚拟现实中，这些规则都具有很大的弹性，可以突破我们的认知。这让在现实中处于弱势或者压抑的人，可以在虚拟世界得到尽情释放。对很多人而言，这有着极大的吸引力！所以元宇宙一旦建成，将会让全世界几乎所有人都为之疯狂。因此，参与元宇宙的用户基数就不用担心了，这是全人类都向往参与的"游戏盛典"。

其次，因为可以在这个虚拟世界中得到无尽的满足，所以人们难免会流连忘返、乐不思蜀，长时间"生活"在虚拟世界中，甚至有可能厌恶现实生活中的自己。

所以，大家停留在虚拟世界的时间自然不会短。

那么影响商业价值的两个因素，基数和时长，都会是恐怖的数量级！

同时，反过来看，因为人的数量和每天的时间是有限的，当人们接入某个终端，在其商业环境中投入足够多的时间，自然就会削减与其他终端交互的时间。因此，元宇宙未来的商业价值会显著侵蚀其他业态的商业价值。这才是各大互联网公司，甚至实体行业都在争相进入元宇宙的原因，因为谁也不想被替代掉，而是想成为替代别人的人。

在元宇宙中我们可以进行很多有趣的活动，例如购物。在元宇宙中如何购物呢？我用举例法来解释一下吧。在现实生活中，我们是怎么购买衣服的呢？一般是在专卖店、代购、电商或者直播平台那里购买。交易所产生的利润被谁赚走了呢？被厂家、电商、专卖店、代购或者主播赚走了。但是你在购买的时候，只能去看、去挑选、去预估产品的使用效果。

如果以后元宇宙成为生活的主旋律，你就可以以虚拟人的身份在元宇宙里找到不同的大牌服装亲自试穿，没有时间和空间的限制。你可以亲自体验到产品穿在你"身上"时的质感和整体搭配感觉，并最终在元宇宙的虚拟商店中直接下单，不用通过中间商来推荐和代购。购买时用的钱币是元宇宙中的虚拟货币，可以与真实世界的货币按照一定的比例进行兑换。所以你用虚拟货币购买了元宇宙中商店里的商品，现实中的商店就会给你发货到家，这就完成了整个交易的闭环。

那么大家想想，在这个交易过程中，利润被谁赚走了？答案是产品的生产厂家和元宇宙服务供应商。与现实中的交易环节对比一下，少了谁，又多了谁？元宇宙的服务供应商替代了现实中的电商、代购、主播，后者都赚不到钱了，他们的钱都被元宇宙的服务供应商赚去了。

推而广之，我们在现实生活中所有的交易行为，都可以迁移到虚拟世界中完成。在那里你会拥有更真实的购物体验，不需要隔着电脑屏幕看图像和听声音，自己就可以亲身体验，几乎没有时间和距离的成本。

　　再如，你想去澳大利亚买套房子，不用在现实生活中真的飞去澳大利亚看房，你只需要在元宇宙中打个免费或者价格极其低廉的"飞的"，就可以到澳大利亚黄金海岸的别墅中感受一晚。你可以在那里看到美丽的海景，感受澳大利亚的海风，闻到椰子的香味，然后再决定要不要购买。一笔现实中的房产交易就在虚拟世界中完成了。当然，你也可以在元宇宙中买套虚拟的房产，这也是你在虚拟世界中财富地位的象征。

五、对元宇宙的担忧

对游戏的过度沉迷和"网瘾"让无数人颓废甚至出现犯罪倾向，而元宇宙又何尝不是一个庞大的游戏呢？古有南柯一梦，每当梦醒时分，都感觉很惆怅。我无数次梦见可以无拘无束地在天空中飞来飞去，觉得自己特别厉害。但是梦醒之后，我会淡然一笑，继续工作，不会对现实生活产生什么影响。因为这样的梦虽然很爽快，但不受我控制，不是我想今晚再继续昨天的梦境就可以继续的。但是如果元宇宙真的存在，一切不切实际的梦境都由我们自主控制，我们自然很容易沉迷于此。如果在现实中可能一辈子都无法实现的愿望，在虚拟世界中可以实现，那么你还想生活在现实世界中吗？会不会存在大量想要逃避现实的人呢？我觉得这是很有可能的。

如果真像我们预测的那样，现实中就很少有人努力学习、工作、生活了。除了睡觉时不能进入元宇宙，大部分人一睁眼就会急不可耐地进入虚拟世界中"生活"。那现实世界呢？我们不赚钱买房、吃饭、谈恋爱、结婚生子了吗？或许到那一天，政府会出台政策限制每个人每天进入虚拟世界的时长，例如最多 2 小时，然后便会强制下线。

商业的本质是逐利的，但是国家、政府需要从现实社会的角度管理大家的行为。所以，政府一定会在这项技术和业态全面推广之前，尽可能考虑到各种现实风险，做好顶层设计。如果造成无法挽回的损失后再去纠正，那时可能就晚了。

一项颠覆性技术，可以囊括和影响到的人越多，那么影响的两面性就会越突出。就像移动互联网技术一样，元宇宙有利也有弊。移动互联网技术的快速推广，让人们可以不用通过电脑，仅仅使用一部小巧便携的手机就可以玩游戏。比起"70 后""80 后"小时候的小霸王学习机、电脑游戏产生的影响，如今手机游戏对"00

后"产生的影响，已经不可同日而语了。

　　当然，时代的车轮一定会向前滚动，不是任何人可以阻挡得了的。我们会拥抱未来，接受改变，但是我们需要理性地设置标准、底线，让这种改变尽可能向好的方向发展。就像原子能技术，当年爱因斯坦因美国将这项技术用于开发武器而痛心疾首，但是二战后我们更多地将这项技术用于核能发电，造福人类。虽然核技术的应用还需不断完善，但是至少方向是好的。这个方向是受什么控制的？

　　——人类的理性！

第八章

虚拟货币与数字货币

有一次，我母亲神神秘秘地对我说，她的几个老姐妹，投资了一个项目，说是特别挣钱，好像是什么链、什么虚拟货币，问我这项目能不能投资。

　　我说："还好您问我了。这项目就相当于一些人自己印钱让别人买，您觉得这项目是不是骗人的？"

　　"那我觉得这肯定是骗人的，钱大家都随便印了，这世界不就乱套了。"我母亲坚定地说。

　　"是呀，妈！我觉得您说得很对，这项目就是骗人的，"我笑着说，"不过区块链、虚拟货币这些技术对我们人类的科技发展还是很有用的。"

一、比特币

（一）什么是比特币

比特币是一位神秘的技术专家中本聪发明的，为了服务这个全球首个去中心化的虚拟货币，中本聪发明了一种叫作"区块链"的新技术。所以，区块链是与比特币共生共长的一项技术。

2008年10月，中本聪在一个名叫"密码朋克"的论坛上发布了一篇关于以P2P为基础的分布式加密数字货币体系的论文，又于当年11月发行了比特币的第一版代码。2009年1月，中本聪挖出了比特币的第一个区块——创世区块，比特币网络正式开始运行。

比特币概念的出现要比区块链早一些，因为区块链是在比特币发展到一定程度后，通过提取比特币的底层技术产生的。此外，比特币的总数量恒定为2 100万个，被视为与黄金具备相同投资价值的物品。

世界上并没有禁止私人货币发行的明文规定，私人货币是否有效，关键在于是否有足够多的使用者认同这个货币。我们在游戏中使用的游戏币、腾讯发行的 Q 币、商场的购物卡等，也具有一部分的货币属性。

（二）比特币为什么那么贵

每一枚新比特币的生成，都必须满足严苛的条件，需要计算机进行大量计算。理论上，只要满足了这些条件，我们每个人都可以通过计算找到比特币，这也就是比特币"去中心化"的含义。谁找到的比特币就属于谁，这和现在各国印刷纸币有着完全不同的原理。

但是，想要找到新的比特币并不是一件易事，并且随着时间流逝，找出新比特币的难度越来越大。到了现在，要找到新的比特币，需要使用大量的计算机，消耗大量电力。这也是找比特币被称为"挖矿"的原因，形象地道出了比特币类似矿产资源的本质和寻找比特币的艰辛。

我们都知道，价格与供给成反比，供给越高，价格越低，供给越低，价格就越高。由于产生新比特币的难度越来越大，比特币的增长速度不断放缓，而需求比特币的人数不断增加，这就使得比特币越来越稀缺，价格也水涨船高。

（三）比特币和市面上其他数字货币有什么区别

比特币是一种彻底去中心化的电子货币，数量有限、产出困难、成本高昂、价格昂贵，因此具有一定的信用度。至于其他的数字货币，不敢说百分之百，至少有百分之九十九都是仿冒、骗人的。

为什么会这样呢？究其原因，比特币的代码是开放的，任何人都可以下载和修改，在这一基础上快速建立一套属于自己的数字货币体系。所以在理论上，只要了解编程技术，就可以开设数字货币公司，无限地生成数字货币，也就相当于我们前面说的，谁都可以随便印钱。

因此，很难想象这些所谓的数字货币公司所"生产"的货币究竟具有多少价值。

（四）比特币有价值吗

我们只能说，在目前的数字货币中，比特币暂时是价值和信用度最高的。不过，比特币的价值究竟有多高，能不能持续发展下去，就不得而知了。

毕竟，比特币只是最早的去中心化数字货币，未来可能会有更好、更先进的数字货币出现。如果某一个或几个国家、大公司全力投入，开发一种新的数字货币，就有可能让比特币被淘汰。

就像瓦特发明的蒸汽机虽然厉害，但技术在不断进步，别人以他的技术为基础，不断进行改进，一定会造出更厉害的设备。如今，距离发明已经过去 200 多年的蒸汽机，与最开始的蒸汽机已经有了云泥之别。

二、区块链

（一）什么是区块链

区块链是一种互联网技术，它有两个核心的特点，就是"分散存储"与"档案全留"。这种特点的产生是为了让比特币所有的交易信息都被保存下来，并且被储存在无数台电脑中，几乎不能被篡改和消除，达到去中心化的目的。

例如，张三向李四出售了一个比特币，这条交易记录并不是只存储在张三和李四的电脑中，而是存储在成千上万台电脑中。并且，这个比特币过去所有的交易记录，也全部被保留了下来。

这种分散的存储方式，让信息很难被篡改。因为要修改交易记录，就必须在所有存储了这条记录的计算机上进行修改，这怎么可能呢？至今为止，还没有人能够动这样的手脚。所以，在现实应用的场景中，比特币是不能被篡改和伪造的，再加上它本身的生产成本和数量限制，比特币便获得了较高的信用度，也因而具备了一定的货币属性。这也是人们对比特币趋之若鹜的原因。

理论上，所有使用区块链技术的数字货币，都应该具有这样的特性。区块链的效率是很低下的。不难想到，要完成一个比特币从一个用户名下转到另一个用户名下的过程，需要通过网络更新全球成千上万台机器的记录，耗时很久。现在交易一次就需要至少十个小时，在没有基础技术突破的前提下，这一时间以后还会更长。在全世界的网络上，人们自由买卖比特币，一天的总交易数只能达到 6 000 笔左右，这样的规模还无法保证大型商业应用。

当今，规模大一点的商业应用，每天的交易数可以轻松突破一百万笔，股票的交易记录一天可以达到千万笔，微信和支付宝每天的交易额都超过了一亿人民币，"双十一"、春节期间更是达到了惊人的十亿人民币以上，这是比特币的交易量所难以企及的。

而且，比特币因为数量太少且过于昂贵，所以往往会被分解成更小的单位，就像 1 元可以分成 100 分一样。不过，比特币的价格实在是太高了，所以被拆分的时候，它的最小额已经达到了 0.000 01 个比特币。这种拆分法鼓励着更多的人来参与投资（或者投机）。

如此一来，比特币的交易就变得更加混乱和复杂了。比如，小明有 10 个比特币，而小王只想买 0.01 个比特币，小明就卖给了小王 0.01 个。小王如法炮制，陆续从其他 500 个人手里买，凑足了 5 个比特币，然后全部卖给小张。那么，小张这 5 个比特币中就保留了之前 500 多个人的交易信息，十分破碎和混乱。这样一来，比特币的交易速度就变得越来越慢，在区块链上留下的信息也越来越庞大。一天能达到的交易量，恐怕还不如一个小镇的集市，完全无法满足大规模交易的需求。

不过，区块链分散存储的特点也有着中心化管理所不具备的优势，如果能解决交易数据处理效率低下的问题，区块链就能发挥出更大的作用。这并非不可能——未来量子计算和 5G、6G 通信技术发展到一定水平时，计算机算力和网络速度将呈现指数级增长，也许到那时，区块链技术就能实现大规模的商业应用了。

（二）国家支持区块链，那我可以投资吗

我们完全支持国家发展区块链技术，也应该对未来抱有美好的期望，希望人类能实现区块链技术的重大突破。如果这种重大突破由我国完成，更是一件有利于国家和社会的大好事。

但我们应该搞清楚的是，国家的支持与个人的支持有着本质上的区别。对于前沿技术，个人往往是不具备分辨真假和抵抗风险的能力的。

假如某公司宣称开发了很先进的区块链技术，并且做出了应用，我们可以去免费试用，也可以买入该公司的股票，这些都是用实际行动来支持。但是，这两种支持是不一样的。前者你不用花钱，或者只花很少的钱；后者你要花钱，甚至要花很多钱，而且亏损的风险很大。这就需要我们仔细考察和甄别，不轻易投资。至于直接买卖虚拟货币，这个是国家法律不允许的。

三、NFT

NFT，又叫非同质化代币，是一种区块链技术的衍生产物。铸造 NFT 的过程就是将虚拟的图片、音乐、视频等存放在区块链上。这些内容由谁创作、被谁买下，这些信息都会被记录下来，所有人都能看到，且没办法更改，这样就可以证明你是作品唯一的主人。而且 NFT 的每一次交易，创作者都能从中分成，这些特性吸引了不少艺术家和支持者。

近来，不断出现天价 NFT 事件。科比去世后，在 NBA 球星库里更换头像需要花费 18 万美元，而这还算便宜的。有人为了购买一张像素头像图，花了 1 050 万美元。英国一个 12 岁的小男孩利用暑假画了一些像素画，赚了 35 万美元。最厉害的是艺术家 Beeple，他的作品一天被拍出了 6 934 万美元的高价，都赶上毕加索、梵高了。但这些画只是一堆数字文件，看不见，摸不着，感觉和买了一罐空气差不多。一张头像图片抵深圳一套房，是这个世界疯了吗？

有人甚至用销毁原作的方法让手里的 NFT 快速升值。一个资深艺术爱好者曾直播烧掉了艺术家班克斯（Banksy）的一幅作品，让这幅画的 NFT 成为孤品，最终卖出了 247 万美元的高价。

一个类似 QQ 头像的图片为什么能卖到如此高的价格呢？除了上文提到的溯源性证明，NFT 的稀缺性更是身份的象征。NFT 是独一无二的，我买的头像全世界只有一个，用来装点门面，不就能体现我有钱又有趣吗？NFT 的流动属性意味着它能被轻松地哄抬到天价，投机者必定会闻风而来。回到上面提到的 Beeple 的作品，有消息指出，竞拍者不是一位收藏家，而是一位资深的"币圈"玩家。NFT 对版权保护的意义有目共睹，但那些荒诞的炒作和令人咋舌的财富故事背后，会不会又是一场"击鼓传花"的游戏呢？又有多少人是真的在为艺术买单呢？

NFT 是 2017 年 6 月才出现的。虽然同样建立在区块链技术的基础上，但它和比特币有些不一样，它不是货币，而是货币交换来的一种证明，只不过它不是纸的，而是一串代码。我们可以将其理解为一种电子资产证明。这个东西为什么在虚拟世界里这么重要呢？

其实，类似 NFT 的东西在我们的现实生活中到处都是，只是大家没有注意过。比如房产证就是一个所有权认证，证明房子是你的。还有大家去超市、商场买东西的时候会拿到购物小票，它也是一个所有权认证，证明这些商品已经是你的了。在物理世界中，小票之所以不如 NFT 那样被重视，是因为东西已经拿到手了，在物理上已经实现了交换。但在拿不到实物的虚拟世界，这样的证明很重要。

实质上，我们在现实世界里的所有购买行为都有两个非常核心的要素，一个是钱，一个是证。用钱买证，或把证卖掉换钱，这样一个过程叫做买卖。而虚拟世界里一直以来只有钱，没有证，所以虚拟世界里的东西不能进行买卖。NFT 这个虚拟世界的所有权证出现以后，虚拟世界的买卖就可以成立了。

世界上所有价值昂贵的东西，如黄金、名车、名表、名画，都有一个共同的特点，即它们都是物质的，没有一样是非物质的、虚拟的。为什么没有虚拟的贵重物品，难道是虚拟的东西不值钱吗？当然不是这样，原因在于虚拟的东西无法证明它的归属权，没有归属权，人们就不会花钱去买。

那么，是否一样东西只要能够确定所有权的归属，它就变得有价值了？不是的，这个东西还必须有人想要才行。如果有个东西人人都想要，并且可以被确定归属权，它就一定会变得值钱。

综上所述，一件物品变得贵重，需要满足两个条件：一是人人都想要，有需求；二是所有权的归属可以被确定，能够被占有。而 NFT 就是专门为大家想要的虚拟物品附上所有权的一个工具。有了 NFT，虚拟物品就变成真正有价值的东西了。任何虚拟世界的东西，比如一幅画、一张照片、一首歌、一个游戏装备等，给它发行一个编号，这个编号是世界上独一无二的，可以证明它是属于你的，这个编号就是一个 NFT。而 NFT 本身是建立在区块链技术之上的，这可以保证它无法被仿造。

NFT 出现以后，购买虚拟商品其实就是在交易它的 NFT。卖家不必把交易物品传给买家，买家可以随便下载。但是卖家把 NFT 转给买家的时候，全球账本都会记上一条，这个东西以后的所有权就属于买家一人了。和大家在现实世界买房子是一样的，NFT 就是虚拟世界的"房产证"。

四、数字人民币

数字人民币同样是一种建立在区块链技术基础上的虚拟货币，但与比特币不同的是，数字人民币由中央银行推出，是有国家信用背书的。

人民币，从载体上看，可分为纸质人民币和数字人民币。数字人民币是纸币的数字形态，虽然看不见摸不着，但功能跟纸币是完全一样的。它们都是用于交换的货币，并且都是中国的法定货币。数字人民币独立于纸币，并不是纸币的另一种形态，可以进行兑换，但不能相互等同。数字人民币不会完全替代纸币，可以预计，在未来很长一段时间内，数字人民币将与纸币共存。

数字人民币钱包（简称数字钱包），是用来存放数字人民币的钱包，就像实体钱包一样。这样看，数字人民币是没有利息的，是银行不能拿去投资的，因为它就在你手里，你的钱包里。银行账户中的余额，是银行存款的数字化体现，钱在银行里，不在你手里。银行可以拿你的钱去放款、投资，同时付你一定的利息。

不计付利息、不付通道费、不绑定银行账户、双离线支付等是数字人民币的特点。作为普通消费者，我们最大的疑问就是：这和微信支付、支付宝有什么区别呢？

简单而言，数字人民币是钱，微信支付和支付宝是钱包，两者是完全不同的概念。微信支付和支付宝是金融基础设施，是用来存钱的钱包，数字人民币是货币，就是钱本身。

作为钱包，微信支付和支付宝本身是不能用来交易的，需要充值货币或绑定银行账户才能使用。而数字人民币本质上是对应纸质人民币的。在以后的日子里，你的钱包里除了化为数字的纸质人民币，还会多出一个新的选择，那就是本身就是数字的数字人民币。

从应用的角度看，数字货币是一种具有强制性的法定货币。目前，微信支付和支付宝是竞争关系，在淘宝上购物不能用微信支付，在微信中购物也不能用支付宝支付。数字货币可以打破这个僵局，所有的商家都必须接受这样的货币。如果有商家不同意，我们可以通过报警来解决。

除了性质不同以外，数字人民币还具备一些微信支付和支付宝不具备的优点，例如无需手续费。经常使用微信支付或支付宝的人可能都知道，如果我们想把微信或支付宝里的钱提现到银行账户里，是存在一定额度的，超过这个额度的部分会收取手续费。数字人民币作为一种法定货币，追求的是社会效率和福利的最大化，所以没有流通费和服务费，用起来更实惠、方便。

数字人民币的优点还有：

支付无须联网，手机有电"一碰"就行；

无须与个人身份绑定，在不违法犯罪的情况下，数字人民币可以匿名支付，保护交易人的隐私；

无须绑定银行账户，可以直接使用，因为它本身即是货币。

目前，数字人民币还处于测试阶段，使用范围有限。人们对于数字人民币还存有一定的怀疑和误解。随着未来数字人民币的推广，误解将逐步消除，优势将更加突出，期待数字人民币为人们带来更多便利。

第九章

人类的太空探索

小时候，母亲给我们讲的故事，很多都与天空有关：盘古开天、后羿射日、大闹天宫、嫦娥奔月、牛郎织女……数不胜数。天空，是从古至今人类每一次抬头仰望，都不禁深深向往的所在。

　　人类对于太空的好奇与探索由来已久。人工智能技术日新月异，太空无人机、太空机器人等科技成果应运而生，成为人类探索太空的重要助力。天空、陆地、海洋……随着人工智能技术的发展，无人机和机器人正加速探索地球的每一个角落。如今地球已经不能满足人类无尽的好奇心了。

　　从1957年发射第一颗人造卫星起，人类就开始了对宇宙的探索。随着科技的不断进步，人类从未停下探索的脚步。现在我们知道，月球是地球的卫星，太阳系中有八大行星，火星上有冰还有水，太阳系处在银河系当中。此外，我们还发现，太空中存在着黑洞、暗物质等神奇的东西。

外星人或其他宇宙生物是否存在？全新的未知粒子以及其他未知物质能否被找到？虽然人类对太空的认识在不断增加，但仍有许多奥秘未被了解，这就需要我们继续保持探索的步伐。

一、埃隆·马斯克与他的火星移民计划

说到探索太空，就不得不再次提到多家公司的 CEO 马斯克。他是 2021 年的全球第一大富豪，超越了比尔·盖茨。马斯克出生于南非，当然他自身故事的精彩程度远远超出人们的想象，有些人甚至称他为外星人，认为他造火箭去火星只是为了回家。当然，这些都是不足为信的笑谈。

马斯克一生都在为移民火星做准备。根据马斯克提出的构想，到 2050 年左右将在火星上建设一个 100 万人口规模的城市，一个自给自足的火星基地。也许这听起来像天方夜谭，很多人认为马斯克根本不可能成功，但是人类需要这样拥有伟大梦想并勇于尝试的人，正是这样的人不断推动着人类文明的发展和进步。

我们知道，火星直径约是地球的一半，体积约为地球的 15%，质量约为地球的 11%，重力约为地球的 40%，表面积相当于地球的陆地面积。火星上大气密度稀薄，大约只有地球的 1%。火星上同样也有四季，只是季节的长度约为地球的两倍。看过火星照片的人一定会问：火星看上去如此荒凉，一片大漠戈壁的景象，也没有氧气和现成的水，这样恶劣的环境，人类怎么能在火星生存呢？为了克服恶劣的火星环境，马斯克为移民火星做了以下有针对性的准备。

马斯克旗下大约有 9 家公司，他创办的这些公司既是为了人类今后移民火星所做的准备，也同样可以解决当前地球上最迫切的问题。

由于火星上缺乏石油、天然气和煤炭等天然资源，马斯克创办了特斯拉电动汽车公司，以便未来在火星上依靠电力驱动交通工具。同时，他还创办了太阳城（Solar City）光伏发电公司，以便在火星上充分利用太阳这一能源。

火星上大气稀薄，不宜居住，人们很可能会居住在地下。为此，实现地下隧道交通就显得尤为重要。马斯克创办的发展地下交通系统的钻探公司 The Boring Company，既可以探索火星地下交通的可能性，也有利于解决现实的交通拥堵问题。

前文提到过的 SquareRoots 公司更是研发出了不用土壤就能培植出粮食和蔬菜的农场，在室内就能进行立体化栽培。这可以很好地解决今后火星移民的粮食问题。

星链（Starlink）卫星系统公司的"星链计划"则旨在解决未来火星上的通信问题。

最重要的，莫过于他创办的太空探索技术公司 SpaceX 了，这是一家私人火箭公司，开发可回收、能够多次利用的火箭和星舰。这一项目旨在降低前往火星的运输成本，让平民也能买得起票。毕竟，前面的项目发展得再好，如果不能把人送上火星，这一宏大的火星移民计划终究无法实现。

按照目前的技术，登陆火星并不容易。马斯克认为，如果我们使用传统的方式前往火星，每个人需要花费至少约 100 亿美元，如此高昂的费用将使大规模移民永远无法实现。如果人类要在火星建立一个自给自足的城市，就必须要降低前往火星的成本，而降低成本的关键在于火箭和飞船从一次性使用变成可重复使用。马斯克希望将费用降低至 20 万美元，单次运送至少 100 人前往火星，在未来几十年里使火星人口达到百万级别。

二、地球一小时交通圈

前文提到的火箭不仅能够登陆火星，还将实现地球上点对点的飞行。SpaceX 的总裁格温·肖特韦尔（Gwynne Shotwell）举例说，从纽约到上海，旅客们从纽约码头出发，到达位于海上的悬浮式发射场，乘坐星舰飞船进入地球轨道，绕着地球运行 30 分钟左右，大约飞行一万多公里，然后降落在上海的一座悬浮平台上，全程不超过一个小时。早上在上海开会，下午就可以回到纽约的家里吃饭。这可就是真正的"地球村"了。

这种重型火箭每一次发射和回收时，都会产生巨大的轰鸣声，所以港口不能太靠近海岸，可能从码头抵达悬浮发射场和相关的安保检查才是最耗费时间的。为了达到这一目标，SpaceX 购买了两座钻井平台，分别以"火卫一"和"火卫二"来命名，它们被改造成了漂浮的空间站，为星舰飞船提供支持。

不过，绕着地球飞行的感受可能并不舒适。星舰飞船在地球上的点到点运输服务，每次最多只能容纳1 000人，而且由于时间较短，不提供洗手间，也不提供飞行餐，甚至连驾驶室都没有。

可以预见，马斯克只是一个破冰人，更多的资本和智慧的头脑会加入这个行业，中国新一代的航天人也一样有机会成为带领人类进步的力量。

到这里，我们已经带着大家把未来几十年可能发生的科技进步展望了一下，正如我母亲所言，现在的生活真是科技含量越来越高了，很多以前想都不敢想的事情，现在都实现了。我想，这就是科技带给我们的最好的礼物了吧。

当然，科技也是一把双刃剑，利用得好会促进文明的发展，利用得不好也会给社会带来隐患。除此之外，科技的发展还不可避免地会给我们带来一系列挑战，例如未来大量的人可能会失业；人的隐私权可能会受到侵犯；等等。科技的发展也会和人类的法律、伦理、道德产生激烈的碰撞。该如何应对这样的社会变革和潜在的威胁，做好充足的准备，是值得我们思考的问题。

科技改变世界。相信在未来，会有越来越多好的变化发生，很多社会问题会得到解决。相信在未来，我们每个人，包括老年人，都可以在科技的助力下拥有更美好的人生。

图书在版编目(CIP)数据

走进未来生活／毋东明著. —桂林：广西师范大学出
版社，2022.10
（50岁开始的"你好人生"）
ISBN 978 – 7 – 5598 – 5444 – 5

Ⅰ．①走…　Ⅱ．①毋…　Ⅲ．①日常生活社会学-
中老年读物　Ⅳ．①C913.3 – 49

中国版本图书馆 CIP 数据核字(2022)第 180493 号

走进未来生活
ZOUJIN WEILAI SHENGHUO

出 品 人：刘广汉
责任编辑：刘　玮
助理编辑：茹婧羽
装帧设计：弓天娇　李婷婷
广西师范大学出版社出版发行

（广西桂林市五里店路9号　　邮政编码:541004）
（网址:http://www.bbtpress.com）
出版人:黄轩庄
全国新华书店经销
销售热线：021 – 65200318　021 – 31260822 – 898
山东韵杰文化科技有限公司印刷
（山东省淄博市桓台县桓台大道西首　邮政编码:256401）
开本：720 mm×1 000 mm　　1/16
印张：10.75　　　　　字数：74 千字
2022 年 10 月第 1 版　2022 年 10 月第 1 次印刷
定价：39.00 元

如发现印装质量问题,影响阅读,请与出版社发行部门联系调换。